van Daell

Das deutsche Buch der Sauveur Schule

van Daell

Das deutsche Buch der Sauveur Schule

ISBN/EAN: 9783743326620

Hergestellt in Europa, USA, Kanada, Australien, Japan

Cover: Foto ©ninafisch / pixelio.de

Manufactured and distributed by brebook publishing software (www.brebook.com)

van Daell

Das deutsche Buch der Sauveur Schule

Das deutsche Buch

der

Sauveur Schule.

Von

Alfons N. van Daell und Josepha Schrakamp.

———

New York: F. W. Christern.   Boston: Carl Schönhof.
1883.

PREFACE.

The little book we now offer to the public was at first destined only for the pupils of our School. We do not mean to disparage any of the pioneers in the natural method; but their books were not found to answer our particular wants; or, to speak more accurately, we conceived a work that would better suit both our pupils and our teaching.

Our idea is that a lesson ought first to be explained orally—the oral lesson being personal to the teacher, and by far the most important part of instruction. Then comes the book, to be used as a memorandum, and also to allow of private repetition and reviewing. The questions that follow most of the chapters may be used as a guide by the teacher, and also be answered in writing, by the pupils.

The illustrations have been inserted at the end of Appendix, because many pupils do not need them, and because we deem it very useful to cultivate the power of forming mental pictures of a described object. In case of necessity (and this very generally occurs with younger children), the teacher may refer to them in the regular course of explanation; likewise, as a means of reviewing, pupils may be asked to describe them.

Our book bears the name of one who is foremost, if he was not first in order of time, to promote our method, and under whose banner we feel proud to stand. May our efforts prove worthy of the cause and of its leader.

PHILADELPHIA,
Sauveur School of Languages,
June 20, 1883.

Das deutsche Buch.

Anleitung zur Aussprache.

Das große und das kleine Alphabet in Schrift und Druck.

𝒜 ℬ 𝒞 𝒟 ℰ ℱ
𝒢 ℋ ℐ 𝒥 𝒦 ℒ
ℳ 𝒩 𝒪 𝒫 𝒬 ℛ
𝒮 𝒯 𝒰 𝒱 𝒲 𝒳
𝒴 𝒵

a b c d e f g h i j k l m n
o p q r ſ s ß t u ü v w x y z

A B C D E F G H J
K L M N O P Q R S T
U V W X Y Z

a b c d e f g h i j k l m n
o p q r ſ ß t u v w x y z

a e i o u ä ö ü au äu ei ie eu

Hand	Arm	alt	Fall	Glas
Land	warm	kalt	Ball	Gras
Sand	Schwarm	Kalb	Stall	Grab
	Name		Wasser	
	Nadel		Ratte	
	Nase		Garten	

Säge träge Jäger tränken säen Bär Ärmel Käse

Haus	braun	Auge	Laut	Mauer	rauchen
Maus	grau	kaufen	Braut	Schauer	Rauch
Faust	blau	laufen	Haut	sauer	auch

Räuber Mäuse Häuser Fäuste läuten Bräute

Weber	Esau	gern	wer	ehren	Welle	nennen
Leder	Esel	fern	der	kehren	besser	Egge
Regen	Eber	Stern	Werk	sehen	Kette	Ebbe
Segel	edel	Kern	Berge	gehen	Treppe	Esse

| See | Meer | Speer | Teer | Beete | Beet | Schnee |
| Klee | leer | Heer | Geest | Beere | Seele | scheel |

| Heu | scheu | heute | Feuer | beugen | Leuchter | Feuer |
| neu | treu | Leute | Scheuer | heulen | keuchen | Freund |

Brei	Wein	Reis	zeigen	reißen	Weib	Leiten
Blei	Schein	Preis	weise	heißen	Teil	Reiten
frei	Leim	heiß	reisen	beißen	Seil	reiben
drei	fein	weiß	treiben	weißen	Heil	Scheibe

Wind	Linde	Finger	Lippe	Igel	wir
wild	binden	bringen	Ritter	Ida	Hirt
mild	finden	singen	bitter	Isak	Wirt

dies	diese	sieben	lieben	schießen	riechen
Sieb	Biene	Wiege	Wiese	fließen	siechen
hier	Bier	Siegel	Riese	hießen	kriechen

Frost	Korn	rot	Ton	Sonne	
Rost	Dorn	tot	Thron	Tonne	
Kost	Born	Brot	Krone	Donner	
Posten	Zorn	Not	schon	rollen	

Bogen	Woche	Rose
Morgen	roch	Zoll
borgen	doch	Dose
sorgen	kroch	voll

Möwe	Löffel	König	Schöpfer	Kröte	dörren
Löwe	Hölle	Köder	Geschöpf	schwören	zwölf

Ufer	Wurm	rund	gut	Mutter	Ruß
Uhr	Sturm	Fund	Blut	Butter	Kuß
Ulme	bunte	Pfund	Mut	Futter	Nuß
Ursula	Lunte	Stunde	Flut	Kutte	Schuß

Sünde	Würde	süß	küssen	lügen
Bündel	Schürze	Grüße	müssen	trügen
rütteln	über	Schüsseln	Füße	Hügel

Ochs Wachs Flachs Dachs Sachsen wachsen
    Lachs   sechs   wechseln   Fuchs

---

ja jung Jahr Jacke Jakob jeder je Jude

Pfeffer Pfad   Pfosten Pfuhl   Pfeiler Pflaume
Pfennig Pfanne Pfote   Pfühl   Pfeife   Pfund
Pflug   Pflock Pflanze Propfen Tropfen hüpfen

Schaf   scharf   Schein   Schindel schwimmen
Schiff Schild   Schwein Schuh   schwellen

Sicht Macht   durch   gebracht Buch
Licht Nacht   genug   gedacht   Sache
dicht prächtig leicht gelacht   brechen
ficht mächtig hoch   gesucht   Rechen

Stein Stock Stuhl Stamm Stern Staub stürzen

Vogel Vater Vetter vorwärts Vorschlag Vorsatz
vier   vor   vorn   voran   Vorteil   Vorbild

Sekunde   Minute   Stunde   Tag   Woche
        Monat   Jahr

Sonntag   Montag   Dienstag   Mittwoch
      Donnerstag Freitag Samstag

Januar	Februar	März	April
Mai	Juni	Juli	August
September	Oktober	November	Dezember

Frühling, Sommer, Herbst und Winter sind Jahreszeiten.

weiß, schwarz, rot, braun, blau, grau, gelb, grün, violet, sind Farben.

eins zwei drei vier fünf sechs sieben acht neun zehn elf zwölf dreizehn vierzehn fünfzehn sechszehn siebenzehn achtzehn neunzehn zwanzig einundzwanzig dreißig vierzig fünfzig hundert tausend

Das deutsche Buch.

1. Das Haus.

Das Haus ist groß. Es hat eine Thür und mehrere Fenster. Die Mauern sind dick und aus Stein gebaut. Das Dach ist schräg. Es ist mit Ziegeln gedeckt. Auf dem Dache ist der Schornstein. Ich öffne die Thür und komme in den Hausflur. Rechts ist das Besuchzimmer; das Speisezimmer (Eßzimmer) befindet sich nebenan. Die Küche liegt nach dem Hofe zu. Die Treppe führt in die oberen Stockwerke. Dort sind mehrere Räume: die Schlafzimmer, ein Wohnzimmer, ein Badezimmer und die Kinderstube. Der Speicher ist unter dem Dache. Der Keller befindet sich unter dem Hause.

Übungen. — Wie ist das Haus? Wie viele Thüren hat es? Sind die Mauern dick oder dünn? Woraus sind sie gebaut? Ist das Dach flach oder schräg? Womit ist es gedeckt? Wo ist der Keller? Wo ist der Speicher? Was befindet sich auf dem Dache? Hat das Haus ein Stockwerk oder mehrere Stockwerke? Welche Zimmer befinden sich in den oberen Stockwerken? welche sind unten im Hause? Wie heißt das Zimmer, wo wir wohnen? wo wir schlafen? wo wir speisen? wo wir Besuche empfangen?

2. Das Besuchzimmer.

Das Besuchzimmer befindet sich rechts vom Eingang. Es ist das schönste Zimmer des Hauses. Persische Teppiche bedecken den Fußboden. Ein Kronleuchter von Kristall hängt an der Decke. Der Kamin ist aus Marmor. Eine Uhr und zwei Leuchter stehen darauf. Ein großer Spiegel hängt darüber. Vor dem Kamin befinden sich zwei bequeme Sessel. In der Mitte des Zimmers steht ein schöner Tisch; kostbare Bücher und andere Gegenstände liegen darauf. Ölgemälde und andere wertvolle Bilder in goldenen Rahmen verzieren die hohen Wände. Das Klavier ist offen; rechts davon steht ein Musikgestell mit Beethoven's Sonaten, Mozart's Symphonien und Schubert's Liedern. Seidene Vorhänge und seltene Blumen verstecken die Fenster teilweise. Marmorbüsten auf kleinen Säulen stehen zwischen den Fenstern. In einer Ecke sieht man eine Staffelei mit einer Ansicht vom Rhein. Im Besuchzimmer finden wir die verschiedenste Sitze, Stühle von jeder Form und Farbe.

Übungen.—Wo befindet sich das Besuchzimmer? Welche Dinge finden wir darin? Woraus ist der Kamin gemacht? Was steht auf dem Kamin? was hängt darüber? was steht davor? Was hängt an der Decke? Ist die Decke hoch? ist sie weiß?

ist sie flach? Was liegt auf dem Tische? Ist der Tisch rund oder viereckig? Was liegt auf dem Fußboden? Ist der Fußboden immer mit Teppich belegt? Ist der Teppich im Winter warm? Ist ein persischer Teppich kostbar? Womit sind die Wände verziert? Ist das Klavier ein musikalisches Instrument? Was hängt vor dem Fenster? Ein Vorhang. Machen die Vorhänge das Zimmer freundlich? Sind in diesem Zimmer Vorhänge? Woraus sind die Vorhänge gemacht? Welche Farbe haben sie? Ist eine Marmorbüste kostbar? Wer hat schöne Marmorbüsten gemacht? Worauf steht eine Büste oft? Ist die Säule rund? Dient der Stuhl zum Sitzen? Schaukelt man sich im Schaukelstuhl? Giebt es in Europa Schaukelstühle? Ist der Schaukelstuhl eine amerikanische Erfindung? Sitzt der Maler vor einer Staffelei? Hat die Staffelei drei Füße?

3. Das Speisezimmer.

Das Zimmer, wo wir essen oder speisen, heißt Speisezimmer oder Eßzimmer. Dem Eingang gegenüber steht ein Büffett mit silbernen Schüsseln. Der Kamin befindet sich rechts; er ist mit schönen Lampen und Vasen verziert. Die Wände sind tapeziert. In der Ecke steht ein großer Schrank mit kostbarem Porzellan. Es sind chinesische Thee=tassen und ein altes holländisches Kaffee=Geschirr.

In der Mitte steht ein runder Tisch. Er ist gedeckt.
Das Tischtuch ist von feinem Damast. Die Teller
und Schüsseln sind aus sächsischem Porzellan. Auf
jedem Teller liegt eine Serviette. Die Löffel und
Gabeln sind aus Silber. Die Messer sind scharf.
An jedem Platze steht ein Salzfaß, ein Butterteller,
ein Wasserglas und ein Weinglas. In der Mitte
des Tisches befindet sich ein Einsatz mit Essigflasche,
Ölflasche, Pfefferflasche und Senfflasche. Der
Vorlegelöffel, das Vorlegemesser und die Vorlege-
gabel liegen am Platze der Hausfrau oder des
Hausherrn. Dort steht auch die Schelle. Eine
Thür führt aus dem Speisezimmer in die Küche.

Übungen. — Wo essen wir? Welche Dinge
finden wir im Speisezimmer? Was steht auf dem
Büffett? Wo ist der Kamin? Wo steht die Lampe?
Wo steht der Schrank? Was ist im Schranke?
Woraus ist die Tasse gemacht? Was ist besser,
sächsisches Porzellan oder chinesisches Porzellan?
Woraus trinken wir Kaffee, Thee und Chokolade?
Dient das Messer zum Schneiden? Ist das Messer
immer scharf? Ist es oft stumpf? Womit essen
wir die Suppe? Woraus ist der Löffel gemacht?
Woraus ist die Gabel gemacht? Was liegt am
Platze des Hausherrn? Wo steht die Schelle?
Woraus ist die Flasche gemacht? Was ist in der
Ölflasche? was in der Essigflasche? Was ist im

Salzfaß? Ist das Salz ein Gewürz? Ist der Teller rund? Wie ist der Serviettenring? Ist die Serviette im Serviettenring? Woraus ist das Tischtuch gemacht? Ist der Tisch gedeckt?

4. Die Küche.

Was für eine schöne, helle Küche! Der Boden ist mit Steinen belegt. Die Köchin steht vor dem Herde und kocht. Ein großer Topf und zwei Kessel brodeln auf dem Feuer. Brot und Kuchen backen im Backofen. Neben dem Herde befinden sich ein Kohleneimer und eine Kohlenschaufel. Der Spülstein steht in der Ecke. Die Köchin spült dort das Geschirr und die Töpfe. Im Küchenschranke sind allerlei Geräte: der Mörser, der Trichter, das Bügeleisen, das Hackmesser und die Kaffeemühle.

Übungen. — Wo ist die Köchin? Wer kocht? Wo steht die Köchin? Was steht auf dem Herde? Wo wird Brot gebacken? Ist der Kohleneimer voll Kohlen? Lege ich mit der Kohlenschaufel Kohlen auf das Feuer? Wo befinden sich die Küchengeräte? Können Sie mir einige Küchengeräte nennen?

5. Der Keller.

Der Keller befindet sich unter dem Hause. Er ist kühl und dunkel. Die Hausfrau bewahrt ihre Vorräte im Keller. Rechts ist ein Verschlag für Holz und Kohlen; links liegen Kartoffeln und Gemüse. Ein Faß ist in der Ecke. Ein Flaschengestell steht daneben.

Übungen.—Wo ist der Keller? Ist er hell oder dunkel? Ist er warm oder kühl? Wann ist der Keller warm, im Winter oder im Sommer? Wofür ist der Holzverschlag? Wofür ist der Kohlenverschlag? Steht das Faß in der Ecke? welche Form hat es? Woraus ist das Faß gemacht? Was ist darin? Was steht daneben? Liegen Flaschen auf dem Flaschengestell? Was bewahrt die Hausfrau im Keller?

6. Das Schlafzimmer.

Das Schlafzimmer ist gewöhnlich oben im Hause. Es liegt meistens nach dem Hofe. Das Bett steht in der Mitte. In einem guten Bett findet man folgende Dinge: einen Springrahmen, eine Matratze, ein Pfühl, zwei Betttücher, ein oder zwei Kopfkissen und eine Decke. Die Kommode steht zwischen den Fenstern. Sie hat vier Schubladen; alle sind voll Wäsche. Der Schrank hängt voll Kleider. Der Waschtisch befindet sich meistens hinter der Thür. Das Waschgeschirr steht darauf. Der Handtuchhalter und ein Eimer stehen daneben. Die Vorhänge sind dunkel und warm. In der Mitte steht ein Tisch mit allerlei Kleinigkeiten; ringsum stehen ein paar bequeme Sessel und ein

Schaukelstuhl. Eine Thür verbindet das Schlafzimmer mit dem Badezimmer.

Übungen. — Ist das Schlafzimmer gewöhnlich oben oder unten im Hause? Liegt es nach dem Hofe oder nach der Straße? Wo steht das Bett oft? Ist die Matratze mit Haar gefüllt? Kann man sie auch mit Wolle füllen? Was ist besser, eine Haarmatratze oder eine Wollmatratze? Ist der Springrahmen elastisch? Liegt das Pfühl auf der Matratze? Ist das Betttuch von Leinen oder Baumwolle? Hat man in Deutschland meistens leinene Betttücher? Legen wir den Kopf auf das Kopfkissen? Ist das Kopfkissen zuweilen mit Federn gefüllt? Was ist besser ein Federkissen oder ein Haarkissen? Was ist weicher? Haben wir im Winter eine Decke oder mehrere Decken? Woraus ist das Waschgeschirr gemacht? Wo steht es? Ist der Eimer neben dem Waschtisch für das schmutzige Wasser? Sind Schlafzimmer und Badezimmer mit einander verbunden? Wodurch sind sie mit einander verbunden?

7. Mignon.

Kennst Du das Haus? Auf Säulen ruht sein Dach.
Es glänzt der Saal, es schimmert das Gemach
Und Marmorbilder stehn und schau'n mich an:
Was hat man Dir, Du armes Kind, gethan?
    Kennst Du es wohl?

Göthe.

8. Der Blumengarten.

Die Sonne scheint so hell und warm! Es ist eine Lust, durch den Garten zu wandern. Die Beete sind mit Rasen eingefaßt; dazwischen winden sich Pfade. Allerlei Blumen giebt es hier. Einige sind in voller Blüte, andere haben erst Knospen. Die weiße Lilie überragt mit ihrem schlanken Stengel alle anderen Blumen. Die Königin der Blumen, die Rose, füllt die Luft mit süßem Duft. Die Tulpe mit ihrem großen, roten Kelche leuchtet schon von weitem. Die dunkle Nelke blüht daneben; sie vereint Farbenpracht und Duft in anmutiger Weise. Das Schneeglöckchen, die Narzisse und die Aurikel, die ersten Kinder des Frühlings, sind längst verblüht. Die Levkoje prangt in allen Farben. Das bescheidene Veilchen blüht im Schatten der Hecke; auch das Maiglöckchen sucht einen schattigen Platz. Das bunte Stiefmütterchen erkenne ich an seinen vier großen Blättern. Die Reseda, das Geranium und andere Blumen sind dort hübsch unter einander gemischt. Das Geisblatt bildet mit seinen Ranken eine schattige Laube. Dahinter ist ein kleines von Gebüsch Flieder, welches zum Lesen und Denken einladet.

Übungen.—Was findet man im Garten? Womit sind die Beete eingefaßt? Was steht darauf? Welche Blumen haben eine weiße Farbe? welche sind rot? welche sind blau? welche bunt? Welche Blumen sind wohlriechend? welche haben wenig Geruch? welche sind geruchlos? Wo blüht das Veilchen? Welche Blumen blühen im Frühling? welche im Sommer? welche im Herbst? Wie viele Blätter hat die Lilie? Wovon ist die Laube gebildet? Ist das Geisblatt wohlriechend? Wovon ist das Gebüsch gebildet? Wo kann man gut lesen und denken? Wann sitzen wir im Gebüsch oder in der Laube? Welche Blumen haben einen langen Stengel? welche einen kurzen? Was ist breiter, der Pfad oder der Weg?

9. Der Obstgarten.

Im Garten wachsen allerlei Bäume. Dort steht ein Apfelbaum; seine Äste sind so voll, daß ein Ast gebrochen ist. Jener Birnbaum hat so dichtes Laub daß ich keine Frucht daran sehe. In seinem Wipfel hat ein Vogel sein Nest gebaut. Dieser Pflaumenbaum rechts ist ganz niedrig; ich kann mit der Hand einen Zweig davon brechen. Die bläulichen Pflaumen schmecken gut. Der Kirschbaum hat eine glatte Rinde und längliche Blätter. Die Kirschen, welche dazwischen glänzen, scheinen noch nicht ganz reif zu sein. Der Walnußbaum hat einen dicken Stamm und eine breite Krone. Einige Nüsse liegen darunter. Ich öffne die bittere, grüne Schale und knacke die Nuß. Der Kern ist noch klein und unreif. Die

Aprikosen und Pfirsiche wachsen an einem Spalier an der Gartenmauer. Dort haben sie viel Sonne und sind vor dem Winde geschützt. Auf der andern Seite des Gartens ist ein Rebengang; die saftigen Trauben glänzen im Sonnenschein.

Übungen.—Wie heißt der Baum, welcher Äpfel trägt? der welcher Birnen trägt? An welchem Baum wachsen die Pflaumen und die Kirschen? die Walnüsse? Welche Fruchtarten haben einen Stein? welche einen Kern? Was für Früchte zieht man oft an einem Spalier? Wo sind die Wurzeln des Baumes? Welche Bäume haben einen dicken Stamm? Was ist größer, der Ast oder der Zweig? Welche Farbe hat das Blatt des Baumes gewöhnlich? Haben die Bäume im Winter Laub? Wann fallen die Blätter ab? Heißt die Spitze des Baumes Wipfel? Wo baut der Vogel sein Nest? Heißen die Früchte, welche an Bäumen wachsen, Baumfrüchte? Was macht man aus Trauben? Ist Wein Rebensaft? In welchem Lande zieht man viel Wein? Sind am Rhein viele Weinberge? Heißt ein Weinbauer Winzer? Muß der Winzer die Reben schneiden? Ist Obst gesund? Essen wir viel Obst?

10. Beeren.

Auch vielerlei Beeren werden im Garten gezogen. Die scharlachrote Erdbeere rankt am Boden. Die

Frucht ist dick und saftig, schmeckt aber nicht so gut, als die wilde oder Walderdbeere. Gegen Mitte Juni (Johanni) sind die Johannisbeeren reif. Dieselben wachsen an Sträuchern. Es giebt weiße, rote und schwarze Johannisbeeren. Die Hausfrau kocht guten Saft daraus. Der Stachelbeerstrauch ist mit kleinen Stacheln oder Dornen bedeckt. Die grünen Beeren sind länglich. Die Engländer bereiten daraus den berühmten Stachelbeerwein. Die Himbeeren wachsen ebenfalls an Sträuchern. Sie sind hellrot und haben eine ähnliche Form, wie die wilde Brombeere. Mein Auge sucht vergebens nach den kleinen schwarzen Heidelbeeren; die wachsen nur im schattigen Walde.

Übungen.—Wachsen die Erdbeeren am Boden? Welche Farbe haben die Erdbeeren? Schmecken wilde Erdbeeren besser, als die Erdbeeren, welche man im Garten zieht? Wann sind die Johannisbeeren reif? Wie viele Arten von Johannisbeeren giebt es? Was bereitet man daraus? Womit ist der Stachelbeerstrauch bedeckt? Welche Form haben die Erdbeeren? Was für eine Farbe haben die Himbeeren? Wo wachsen die Heidelbeeren? Hat der Strauch einen Stamm oder viele Stämme? Pflanzt man oft eine Hecke von Sträuchern? Was ist höher, der Strauch oder der Baum?

11. Im Garten.

Im Garten bin ich gerne,
Dort ist es wunderschön.
Die Blumen sind wie Sterne
So lieblich anzusehn.

Es ragen schattige Bäume
Hoch in die Luft empor.
Dort sitz' ich oft und träume,
Richt' meinen Geist empor.

Viel süße Früchte laben
Mich hier zur Sommerzeit.
Für alle diese Gaben
Herr! sei Dir Dank geweiht.

R. Schrakamp.

12. Der Knabe auf dem Baume.

Sitzt ein Knabe auf dem Baum,
O! so hoch, man sieht ihn kaum.
Klettert von Ast zu Ästchen
Bis zum Vogelnestchen.
Ei, wie lacht er!
Ei, da kracht es!
Plumps! da liegt er unten.

Deutsches Lesebuch.

13. Der Gemüsegarten.

Im Gemüsegarten zieht man viele Gemüsearten. Die grüne Petersilie ist ein Suppenkraut. Der Sellerie wird oft roh gegessen. Die Zwiebel ist rund und hat eine rötliche Farbe. Beim Schneiden der Zwiebel kommen leicht Thränen in das Auge. Im Sommer essen wir viel Salat, Kresse und Radischen. Die Neuengländer essen oft Bohnen mit Schweinefleisch. Die kleinen grünen Erbsen sind ein Leckerbissen. Wir schneiden den Spargel, wenn er aus der Erde kommt. Die Spitze des Spargels schmeckt am besten. Die Kartoffel wächst ebenfalls unter der Erde. In Irland baut man viele Kartoffeln. Die Amerikaner essen gern süße Kartoffeln. Die Artischoken haben viele Blätter. Man unterscheidet viele Arten Kohl. Aus Weißkohl machen die Deutschen Sauerkraut. Der Blumenkohl ist weiß und gleicht einem großen Blumenstrauß. Der Spinat ist grün und schmeckt gut. Es gibt rote, gelbe und weiße Rüben.

Übungen.—Was zieht man im Gemüsegarten? Was ist Petersilie? Wie schmeckt der Sellerie besser, gekocht oder roh? Welche Form hat die Zwiebel? Welche Farbe? Hat die Zwiebel einen starken Geruch? Wann essen wir viel Salat, Kresse und Radischen? Wird der Salat gekocht? Kann man den Salat auf vielerlei Weise zubereiten? Wo wächst die Kresse oft? Welche Farbe haben die Radieschen? Sind sie groß oder klein? Was essen die Neuengländer oft? Wo baut man viele Kartoffeln? Was ist Kartoffelsalat? Ist die Kartoffel eine amerikanische Frucht? Kam sie im 16ten Jahrhundert nach Europa? Woraus macht man Sauerkraut? Ist Blumenkohl eine Kohlart? Was schmeckt besser, Brüsseler Kohl oder Blumenkohl? Welche Farbe hat der Spinat? Kann man aus Rüben Zucker machen? Woraus macht man Rüböl? Ist der Spargel ein Gemüse? ein Sommergemüse oder ein Wintergemüse? Schmeckt er besser frisch als in Zinnbüchsen?

14. Thätigkeit.

„Arbeit macht das Leben süß,
„Macht es nie zur Last.
„Der nur hat Bekümmerniß
„Der die Arbeit haßt."

Zu Hause giebt es immer viel zu thun. Jeder ist von früh bis spät thätig. Ich stehe um sechs Uhr auf. Wenn ich angekleidet bin, gehe ich in die Küche. Dort ist die Köchin eifrig beschäftigt: sie macht das Feuer an, kocht Wasser für Thee und Kaffee, backt Brot, brät Fisch und Eier, kurz, sie bereitet Alles zum Frühstück. Dann deckt sie den Tisch, trägt die Speisen auf und schellt zum Früh=

stück. Bald findet sich die ganze Familie im Speisezimmer ein. Wir begrüßen uns und setzen uns zu
Tische. Papa legt vor, Mama schenkt Thee ein
und ich bediene die kleineren Geschwister. Die essen
und trinken, daß es eine Freude ist. Nach dem
Frühstück plaudern wir noch ein wenig, dann geht
jeder an sein Tagewerk.

Vater sitzt fast immer hinter seinen Büchern. Er
studiert, schreibt und rechnet so emsig, daß er gar
nicht weiß, was im Hause vorgeht. Ganz anders
ist die Mutter. Sie geht beständig auf und ab, um
zu sehen, ob alle Zimmer gut gelüftet, gefegt und
gestäubt sind. Sie will sich selbst überzeugen, ob
Alles im Hause rein und ordentlich ist. Dann geht
sie in das Arbeitszimmer, näht auf der Nähmaschine
und verfertigt die schönsten Stickereien. Unterdessen
bin ich auch nicht müßig. Ich führe die Bücher für
den Haushalt und mache Einkäufe. An Waschtagen
helfe ich bügeln und an den übrigen Tagen giebt es
auch so viel zu besorgen, daß ich kaum Zeit zum
Lesen und Klavierspielen finde.

Die Geschwister gehen den ganzen Tag zur
Schule. Sie lernen nicht nur Schreiben und Lesen,
sondern auch Turnen, Schwimmen und Reiten.
Wenn sie ihre Aufgaben gemacht haben, dürfen sie
spielen. Das ist ein Leben in der Kinderstube! Der
eine trommelt, der andere bläst das Horn, der dritte

singt ein Lied. Die Kleinen werfen Ball, laufen und springen um die Wette, so daß ihnen der Abend zu früh kommt und so geht es uns Großen auch.

Übungen.—Müssen alle Menschen arbeiten? Ist die Arbeit gut für uns? Ist ein Leben ohne Arbeit eine Freude oder eine Last? Was macht, daß wir Sorgen und Leiden (Bekümmerniß) vergessen? Scheint die Zeit lang, wenn wir keine Arbeit haben? Wer hat oft Langeweile? Was thut der Müßiggänger?

Was muß die Köchin vor dem Frühstück thun? Ist das Frühstück die erste Mahlzeit? Wo frühstücken wir? Wann frühstücken wir? Was essen wir zum Frühstück? Was thun wir nach dem Frühstück? Was muß die Mutter beim Frühstück thun? Wer muß vorlegen?

Womit beschäftigt sich der Vater während des Tages? Warum geht die Mutter überall im Hause herum? Was thut sie im Arbeitszimmer? Wie bringe ich den Tag zu? Habe ich viel Zeit zum Lesen und Klavierspielen? Warum nicht? Wohin gehen die Kinder? Was lernen sie in der Schule? Was müssen sie thun, wenn sie nach Hause kommen? Wo spielen sie, wenn die Aufgaben fertig sind? Was spielen sie? Finden sie den Tag lang oder kurz? Sind wir am Abend müde?

15. Abendruhe.

Wenn am Abend Mann und Kind,
Tier und Vogel müde sind;
Gott, der Herr, hat es gesehen,
Läßt die Sonne untergehen;
Schickt die stille Nacht hernieder,
Spricht zu ihr: „Nun decke du
Alle meine Kinder zu;
Bring' zur Ruh' die müden Glieder!"
Sieh! da kommt die stille Nacht,
Wieget uns in Schlaf ganz sacht.

W. Hey.

16. Flüchtigkeit der Zeit.

Pflücke Rosen, wenn sie blühn,
Morgen ist nicht heut.
Keine Stunde laß entfliehn,
Flüchtig ist die Zeit.
Thue Gutes, sieh, noch ist
Heut Gelegenheit.
Weißt Du, wo Du morgen bist?
Flüchtig ist die Zeit.
Aufschub einer guten That,
Hat schon oft gereut.
Nützlich leben ist mein Rat;
Flüchtig ist die Zeit.

Gleim.

17. Die Spinnerin.

Nicht weit von unserem Hause wohnte Nachbars Mariechen; das war das fleißigste Mädchen in der ganzen Gegend. Wenn ich des Morgens aufstand und an das Fenster trat, sah ich sie schon arbeiten, denn sie war gewiß eine Stunde früher aufgestanden. Ihr glaubt vielleicht, ein kleines Mädchen wie Mariechen habe noch nichts arbeiten können? O ja, die half ihrer Mutter schon recht viel. Erst ging sie mit ihrem Körbchen zum Bäcker und holte frische Brötchen zum Frühstück. Hernach ging sie mit der Mutter in den Garten. Dort hatte sie ein kleines Gießkännchen, das füllte sie mit Wasser und begoß die Blumen; manchmal holte sie ihrer Mutter einen Faden zum Binden oder sonst etwas, was sie allein finden konnte. Und so wie sie im Garten fleißig war, war sie es auch im Hause. Ich habe nicht gesehen, welche Geschäfte sie alle in der Küche verrichtete, aber in der Stube that sie immer etwas Nützliches. Oft strickte sie und zwar immer recht schön, die Mutter brauchte niemals ihr Strickzeug wieder aufzuziehen; und wenn sie Garn wickelte oder den Tisch deckte, so geschah es immer recht ordentlich. Was mir aber am besten gefiel, das war ihr Spinnrädchen. Ihr Vater, unser Nachbar, hatte es ihr zum Geburtstag geschenkt, und die Mutter hatte ihr Flachs gegeben und hatte ihr gezeigt, wie man spinnt. Da saß sie und drehte das Rad so ordentlich herum wie eine große Frau. Ihre Finger waren noch klein, aber sie zupfte damit ein feines Fädchen aus dem Flachse und netzte den Faden und ließ das Garn auf die Spule laufen, daß es eine Lust war. Und wenn ihr Rädchen so lieblich schnurrte, sagte ihr Vater: „Unser Mariechen ist doch das beste Mädchen weit und breit."

W. Curtman.

18. Haustiere.

Die Tiere, welche im Hause und um das Haus leben, heißen Haustiere. Der treue Hund bewacht das Haus. Wenn ein Dieb kommt, bellt er so laut, daß Alle im Hause aufwachen. Die Katze ist ein Feind des Hundes. Sie schleicht durch das Haus, um Mäuse und Ratten zu fangen. Der starke Ochs hilft auf dem Felde arbeiten. Wenn er zornig ist, stößt er mit den Hörnern. Die nützliche Kuh giebt uns Milch und Butter. Das junge Kalb folgt ihr überall. Die muntere Ziege ist kleiner als die Kuh. Sie kann ausgezeichnet springen und klettern. Ihr Fell hat zottiges Haar. Das geduldige Schaf liefert uns Wolle für warme Kleider. Das schöne Pferd nützt uns auf mancherlei Weise. Es zieht den Wagen und trägt den Reiter. Der Esel hat lange Ohren. Er trägt oft Säcke zur Mühle. Der Maulesel geht sicher am Rande des Abgrundes. Er ist sehr eigensinnig. Das fette Schwein giebt uns

Fleisch. Aus seinem Haar, Borsten genannt, machen wir Bürsten.

Übungen.—Welche Tiere nennen wir Haustiere? Welches sind die bekanntesten Haustiere? Welches Tier ist treu? welches falsch? welches eigensinnig? welches geduldig? Welche Haustiere essen wir? welche nützen uns durch ihre Haut? welche sind mit Haaren bedeckt? Welches Tier hat Wolle? Wie hilft uns das Pferd? der Ochs? der Esel? Welche Tiere haben Hörner? Woraus macht man Bürsten? Woraus bereitet man Butter und Käse? Welches Tier zieht den Wagen? Welche Tiere helfen uns auf dem Felde? Was thut der Hund? die Katze? der Esel?

19. Hund und Katze.

Zum Herrn kamen Hund und Katze herein, verklagten einander mit Heulen und Schrei'n: „Hund hat mich so sehr ins Bein gebissen!"—„Und mir hat das Kätzchen die Nase zerrissen!"—„Hund hat in der Küche genascht den Braten!"—„Das Kätzchen ist über die Milch geraten!"

Was sagte der Herr zu diesem Streit? Er suchte den Stock, der war nicht weit. „Ihr habt Euch Beide einander nicht lieb, und Eins wie das Andere ist ein Dieb! Drum mögt Ihr Beide Euch nun bekehren, sonst soll der Stock Euch Besseres lehren!"

Wenn sich nun Zwei nicht können vertragen, so heißt es von ihnen bis zur Stund': „Sie leben zusammen wie Katze und Hund."

W. Hey.

20. Hausvögel.

Die Vögel haben zwei Füße, zwei Flügel und einen Schnabel. Ihr Körper ist mit Federn bedeckt. Sie bauen Nester und legen Eier darin. Alle Vögel können fliegen. Die Vögel, welche in der Nähe des Hauses leben, nennt man Hausvögel. Der Pfau hat prachtvolle Federn im Schwanz; er ist sehr stolz darauf. Der Hahn schreitet ebenso stolz einher, als der Pfau. Er kräht, wenn der Tag anbricht. Das Huhn scharrt emsig im Sande, um ein Korn zu finden. Ein altes Huhn heißt Henne. Die Henne ist sehr besorgt um ihre Jungen. Dieselben heißen Hühnchen oder Küken. Das Perlhuhn ist grau gefleckt. Es kommt von der Guinea-Küste in Afrika. Der Puter stammt aus der Türkei. Wenn der Puter ärgerlich ist, schwillt der Kamm, den er auf dem Kopfe hat. Wir sagen in Deutschland, wenn einer zornig wird, „der Kamm schwillt ihm." Oft sitzt ein ganzer Schwarm von Tauben auf dem Dache und sonnt sich. Das Haus der Tauben nennt man Taubenschlag. Die Gans und die Ente können nicht nur fliegen, sondern auch schwimmen. Der Schwan ist ebenfalls ein Schwimmvogel. Er hat einen viel längeren und schöneren Hals als die Gans.

Übungen.—Wie viele Füße haben die Vögel? Wozu dienen ihnen die Flügel? Wie heißt der Mund der Vögel? Womit sind die Vögel bedeckt? Wie nennt man das Haus der Vögel? Legen die Vögel ihre Eier in das Nest? Welchen Hausvogel finden Sie am schönsten? welchen halten Sie für den nützlichsten? Wie ist der Pfau? Worauf ist der Pfau stolz? Ist der Hahn wachsam? was thut er, wenn der Tag anbricht (beginnt)? Wie nennen wir ein altes Huhn? Wie heißen die jungen Hühner? Woher stammt das Perlhuhn? und der Puter? Wann essen die Amerikaner einen Puter? Was ist ein Taubenschlag? Wie nennen wir die Vögel, welche schwimmen können? und die, welche singen? Wollen Sie mir einige Schwimmvögel nennen? Sagt man, daß die Gans dumm ist? Schreiben Sie mit Gänsefedern? Sind dieselben sehr leicht? Ist der Hals der Gans lang oder kurz? Hat der Schwan einen gebogenen Hals?

---

21. Der Hahn.

„Es ist doch wirklich ärgerlich!"
  So sprach ein schwarzer Hahn für sich;
„Seit dort der Pfau umherstolziert,
  Bekomm' ich nie, was mir gebührt!"

Was nur die Kinder Gutes haben,
Daran muß auch der Pfau sich laben;
Das vollste Korn, das feinste Brot,
Sie geben's ihm — bald leid ich Not.

Hageborn.

22. Fische.

Die Fische haben weder Füße noch Flügel, sondern Flossen zum Schwimmen. Ihr Körper ist mit Schuppen bedeckt. Der Kopf ist lang und flach. Der Schwanz ist oft gespalten. Die Forelle lebt in klarem Wasser. Sie hat rote und blaue Flecken. Ihr Fleisch schmeckt vortrefflich. Der Aal ist lang und glatt. Er ist so schlüpfrig, daß man ihn kaum in der Hand halten kann. Der Maifisch kommt gegen Mitte April. Im Hudson wird jedes Jahr eine Masse von Maifischen gefangen. Die Gräten kann man zerbeißen. Der Salm ist ebenfalls ein beliebter Fisch. Der Lachs ist eine Art Salm, den man oft im Rhein findet. Der Krebs ist braun, wenn er aus dem Wasser kommt. Wenn er gekocht ist, hat er eine rote Farbe. Der Hering, die Sardelle und die Makrele sind Seefische. Der Hummer ist ein Seekrebs. Der Haifisch ist beim Baden gefährlich. Man fängt die Fische mit einem Netz oder mit einer Angel.

Übungen. — Was haben die Fische zum Schwimmen? Womit ist ihr Körper bedeckt? Wie ist der

Kopf? und der Schwanz? Wo leben die Fische?
Welche Fische kennen Sie? Welchen Fisch essen
Sie am liebsten? Haben Sie schon einen Krebs
gesehen, wenn er aus dem Wasser kam? welche
Farbe hatte er? und wie sah er aus, als er gekocht
war? Haben die Fische Knochen oder Gräten?
Wie heißen die Fische, welche in der See leben?
Nennen Sie einige Seefische! Wo leben Flußfische?
In welchem Fluß fängt man viele Maifische?
Angeln Sie oft? Macht Ihnen das Angeln Ver=
gnügen?

23. Der Fischer.

I.

Saß ein Fischer an dem Bach,
Wollte Fische fangen;
Doch es blieb den ganzen Tag
Leer die Angel hangen.

II.

Endlich zuckt es und er sah
Fischlein zappelnd schweben;
Golden rötlich hing es da,
Bat ihn um sein Leben.

III.

„Lieber Fischer, laß mich los!"
Sprach's mit glatten Worten,
„Laß mich in der Wellen Schoß,
Bis ich groß geworden!"

Ramler.

24. Metalle.

Das Gold ist das kostbarste Metall. Der Goldschmied verfertigt daraus allerlei Schmuck. Die Damen tragen gern goldene Ringe und Armbänder. Das Silber hat eine weiße Farbe. In Colorado sind große Silberminen. Dort giebt es auch Silbermühlen. Kupfer ist rot. Der Cent ist aus Kupfer gemacht. Es ist gefährlich, in kupfernen Gefäßen zu kochen. Das Messing ist eine Mischung von Kupfer und Zink. Das Eisen ist das nützlichste Metall. Das Sprüchwort agt: Man muß das Eisen schmieden, wenn es glüht. Der Acker, der Pflug und viele andere Dinge sind eisern. Verhärtetes Eisen heißt Stahl. Der Stahl sieht weiß oder bläulich aus. Das Blei ist schwer und weich. Der Schiffer hat ein Senkblei. Das Quecksilber steigt im Thermometer, wenn es warm ist. Die Kälte zieht es zusammen. Das Quecksilber ist ein flüssiges Metall. Auf der Rückseite des Spiegels befindet sich Quecksilber.

Das Metall kommt meistens aus den Bergen. Wenn es gefunden wird, ist es mit Erde vermischt und heißt Erz. Wir sprechen von Golderz, Silbererz und so weiter. Das Erz wird in Hochöfen geschmolzen.

Übungen. — Welches Metall ist rot? welches grau? welches weiß? welches gelb? Welches ist das schwerste Metall? das kostbarste? das nützlichste? Welches Metall ist flüssig? Was macht man aus Gold? was aus Silber? aus Kupfer? aus Quecksilber? Waren Sie schon in einem Bergwerk? Was haben Sie dort gesehen? War das Metall noch mit Erde vermischt? Wissen Sie, wo das Erz geschmolzen wird? In einem Hochofen oder in der Tiefe der Erde?

---

25. Bergmanns-Lied.

I.

Schön ist Bergmanns Leben,
Herrlich ist sein Lohn,
Seine Werke geben
Glanz dem Königsthron.

II.

In der Erde Gründen
Glänzet das Metall,
Und in Felsenschlünden
Leuchtet der Kristall.

III.

Wenn einst unsre Lieder
Schweigen in dem Schacht,
Senkt man unsre Glieder
In der Erde Nacht.

IV.

Doch der Geist sich schwinget,
Auf zum Himmelslicht.
Darum Brüder singet:
Gott verläßt uns nicht.

Nach Benziger's Lesebuch.

26. Handwerk und Handwerker.

Welch reges Leben herrscht in der Stadt! Tausend Hände schaffen vom Morgen bis zum Abend, um das tägliche Brot zu gewinnen. Jeder hat seine Werkstatt da, wo er sein Handwerk am besten betreiben kann. Der Müller baut seine Mühle am Wasser. Tag und Nacht treibt das Wasser die Räder und den Mühlstein. Wagen voll Getreide und Mehl stehen beständig vor der Thüre. Der Gerber arbeitet auch gern am Wasser. Er verarbeitet die Tierhäute zu Leder. Der braune Abfall heißt Lohe und hat einen starken Geruch. Daher lieben wenige Personen die Nähe einer Gerberei. Viele Handwerker verarbeiten das Leder, das der Gerber ihnen liefert. Der Sattler macht Sättel, Zügel, Zäume, Pferdegeschirr und sonstige Ledersachen. Der Schuster verfertigt Schuhe, Stiefel und Pantoffeln. Der Buchbinder bindet viele Bücher in Leder. Der Handschuhmacher versieht uns mit Handschuhen.

Dort höre ich hämmern. Gewiß ist eine Schmiede in der Nähe. Richtig! Der Schmied steht vor der glühenden Esse. Jetzt nimmt er das rote Eisen heraus, legt es auf den Ambos und schlägt darauf, daß die Funken sprühen. Der Grobschmied beschlägt die Pferde: er nagelt ihnen ein Hufeisen auf. Der Kupferschläger macht kupferne Kessel und Pfannen. Der Weber webt die feinsten Stoffe aus Leinen, Wolle und Seide. In alten Zeiten saß der Weber vor dem Webstuhl und warf die Spule und das Schiffchen mit der Hand hin und her. Jetzt werden die meisten Webstühle durch Dampf in Bewegung gesetzt.

Heine singt:
   Jahre kommen und vergehen—
   In dem Webstuhl läuft geschäftig
   Schnurrend hin und her die Spule—
   Was er webt, das weiß kein Weber.

Die Gewebe des Webers werden in die Weberei geschickt. Dort färbt der Färber sie mit den schönsten Farben.

Diejenigen Handwerker, welche uns den täglichen Bedarf für den Tisch liefern, wohnen mehr in der Mitte der Stadt. Der Bäcker backt Brot und Kuchen. Der Brauer braut das stärkende Bier. Der Schlächter oder Metzger schlachtet Ochsen, Kälber und Schweine.

Viele Handwerker helfen uns beim Bauen und

Einrichten des Hauses. Der Maurer macht die Mauern; der Dachdecker deckt das Dach; der Zimmermann macht Thüren, Treppen, Fußböden, Pfosten, Fensterrahmen und die Sparren unter dem Dache. Der Anstreicher streicht das Holzwerk mit Öl- oder Wasserfarben an. Zuweilen giebt er auch den Mauern einen Anstrich. Der Glaser setzt die Fensterscheiben ein. Der Schlosser versieht Thüren und Schränke mit Schlüsseln, damit wir dieselben verschließen können. Der Schreiner oder Tischler macht Tische, Stühle und sonstiges Hausgerät.

Übungen.—Wie nennen wir die Leute, welche mit der Hand arbeiten? Welche Handwerker kennen Sie? wer webt? wer färbt? wer schmiedet? wer zimmert? wer backt? wer mahlt? Welche Handwerker verarbeiten Leder? welche Metall? welche Holz? welche Wolle? Welche Handwerker verhelfen uns zu Kleidern? welche zu einem Haus? welche zu unserm täglichen Unterhalt?

---

27. Geschichte vom dummen Hänschen.

Hänschen will ein Tischler werden, ist zu schwer der
    Hobel;
Schornsteinfeger will er werden, doch das ist nicht
    nobel;
Hänschen will ein Bergmann werden, mag sich doch
    nicht bücken;

Hänschen will ein Müller werden, doch die Säcke
　　drücken;
Hänschen will ein Weber werden, doch das Garn
　　zerreißt er;
Immer, wenn er kaum begonnen, jagt ihn fort der
　　Meister.
Hänschen, Hänschen, denke dran, was aus Dir noch
　　werden kann!

Hänschen will ein Schlosser werden, sind zu heiß die
　　Kohlen;
Hänschen will ein Schuster werden, sind zu hart die
　　Sohlen;
Hänschen will ein Schneider werden, doch die Nadeln
　　stechen;
Hänschen will ein Glaser werden, doch die Scheiben
　　brechen;
Hänschen will Buchbinder werden, riecht zu sehr der
　　Kleister;
Immer, wenn er kaum begonnen, jagt ihn fort der
　　Meister.
Hänschen, Hänschen, denke dran, was aus Dir noch
　　werden kann!

Hänschen hat noch viel begonnen, brachte nichts zu
　　Ende.
Drüber ist die Zeit verronnen, schwach sind seine
　　Hände.

Hänschen ist nun Hans geworden, und er sitzt voll
 Sorgen,
Hungert, bettelt, weint und klagt, abends und am
 Morgen:
„Ach, warum nicht war ich Dummer, in der Jugend
 fleißig?
Was ich immer auch beginne — dummer Hans nur
 heiß ich. —
Ach, nun glaub' ich selbst daran, daß aus mir nichts
 werden kann." Güll.

---

28. Geschichte der Uhren.

Wenn die Sonne im Osten aufgeht, ist es Morgen; wenn sie im Westen sinkt, ist es Abend. Zwischen Morgen und Abend liegt aber eine lange Zeit; die müssen wir einteilen. Die Uhr hilft uns bei Einteilung der Zeit. Was that man aber, als es noch keine Uhren gab? Die Alten beobachteten den Weg des Schattens auf einer Ebene und kamen so auf den Gedanken, eine Sonnenuhr zu machen. Bei trübem Wetter konnte man eine solche Uhr jedoch nicht gebrauchen. Man erfand also ein anderes Mittel, die Zeit zu messen, nämlich Sand- und Wasseruhren; die ersten waren sehr einfach. Ein Gefäß hatte unten eine Öffnung, woraus das Wasser abtröpfelte, oder der Sand ablief. Nach der Höhe des Wassers oder des Sandes in dem

Gefäß konnte man die Zeit ziemlich genau bestimmen. Vor Christi Geburt hatte man die Wasseruhren schon sehr verbessert. Einige hatten ein Rad, welches die Zeiger auf dem Zifferblatt in Bewegung setzte (drehte), andere konnten sogar schlagen.

Solche künstliche Wasseruhren waren sehr kostbar und nur einige Privatpersonen konnten eine kaufen. In vielen Städten gab es daher Herolde, welche die Stunden durch Trompeten oder lautes Rufen ankündigten.

Im Mittelalter machte man zuerst sogenannte Räderuhren. An einer langen Kette hing ein Gewicht, welches durch ein Rad langsam hinabgezogen wurde. War das Gewicht unten, so mußte die Uhr aufgezogen werden. Die Räderuhren wurden immer kleiner und zierlicher. Peter Hele aus Nürnberg machte im Jahre 1499 Uhren, welche man in der Tasche tragen konnte. Weil die ersten Taschenuhren ungefähr wie ein Ei aussahen, nannte man sie Nürnberger Eier. In jedem deutschen Museum findet man solche.

Die Schweiz ist berühmt wegen ihrer Uhr=Fabrikation. Ein gewisser Gerhard ist der Vater dieser Industrie im Jura.

Im Schwarzwald in Baden verfertigt man gleichfalls viele Uhren. Dieselben haben ein geschnitztes Gehäuse, oft auch einen Kukuk, welcher beim Schlagen die Stunden ruft. Schwarzwälder

Uhren gehen durch die ganze Welt. In Waterbury, Connektikut, macht man jetzt Uhren, welche mit Recht zu den besten der Welt gehören.

Übungen.—Was dient uns dazu, die Zeit einzuteilen? Wonach bestimmte man die Zeit, als es noch keine Uhren gab? (nach dem Schatten.) Wann konnte man Sonnenuhren nicht gebrauchen? Was für Uhren erfand man nach den Sonnenuhren? Waren die ersten Wasseruhren vollkommen oder unvollkommen? Woraus bestanden sie? Wann verbesserte man dieselben? Waren künstliche Uhren kostbar? Wer konnte nur eine solche kaufen? Was sind Stundenherolde? Wann erfand man die ersten Räderuhren? Wer kann eine Räderuhr beschreiben? Wer erfand die Taschenuhren? Welche Form hatten dieselben? Wie hießen sie deshalb? Welches Land ist wegen seiner Uhrfabrikation berühmt? Wer war der erste Uhrmacher im Jura? Ist der Jura ein Gebirge im Westen der Schweiz? Woher kommen die Schwatzwälder Uhren? Ist der Schwarzwald ein Gebirge in Baden? Liegt Baden am rechten Rheinufer? Was für ein Gehäuse haben die Schwarzwälder Uhren? Was ist eine Sonnenuhr? eine Sanduhr? eine Wasseruhr? eine Schlaguhr? eine Kukuksuhr? eine Räderuhr? eine Taschenuhr? eine Wanduhr? eine Turmuhr? eine Spieluhr? (Eine Uhr, welche spielt=Musik macht.)

30. Der Affe und die Uhr.

Ein Affe fand einst eine Taschenuhr;
Die band er sich mit einer Schnur
Fest um den Leib. Kaum war's geschehen,
Sah er darnach und sagte drauf:
„Die Uhr scheint zu geschwind zu gehen!"
Gleich zog er sie von neuem auf,
Er öffnete das Glas und stellte sie zurück;
Doch in dem nächsten Augenblick
Sieht er sie wieder an. „Ei," spricht das kluge Tier,
„Zu langsam geht sie nun sogar! Wie helf ich ihr?"
Er rückt am kleinen Zifferblättchen,
Hält sie dann altklug an das Ohr.
„Sie geht nicht gut!" Er nimmt sie wieder vor,
Und künstelt oben an dem Kettchen,
Stößt in die Räderchen. Der Affe drückt und dreht,
Bis daß die Uhr am Ende stille steht. Lichtwer.

---

31. Die Uhr.

Wenn beide Zeiger auf zwölf stehen, so sagen wir, es ist zwölf Uhr. Wie viel Uhr ist es, wenn der Minutenzeiger auf zwölf steht und der Stundenzeiger auf 2, auf 3, 4, 5, 6, 7, 8, 9, 10, 11, 12? Steht der Stundenzeiger zwischen eins und zwei und der Minutenzeiger auf 6, so ist es halb zwei. Wie viel Uhr ist es, wenn die Zeiger 2^{30}, 3^{30}, 4^{30}, 5^{30}, 6^{30},

7 ^{30}, 8 ^{30}, 9 ^{30}, 10 ^{30}, 11 ^{30}, 12 ^{30} zeigen? Ist es 1 Uhr 15 Minuten, so sagt man, es ist ein Viertel nach eins. Wie lesen Sie 2 ^{15}, 3 ^{15}, 4 ^{15}, 5 ^{15}, 6 ^{15}, 7 ^{15}, 8 ^{15}, 9 ^{15}, 10 ^{15}, 11 ^{15}, 12 ^{15}? — Wenn es 1 Uhr 45 Minuten ist, so sagt man, es ist ein Viertel vor 2. Wie lesen Sie 2 ^{45}, 3 ^{45}, 4 ^{45}, 5 ^{45}, 6 ^{45}, 7 ^{45}, 8 ^{45}, 9 ^{45}, 10 ^{45}, 11 ^{45}, 12 ^{45}? — In einigen Gegenden sagt man auch so: 1 Uhr 15 Minuten=ein Viertel zwei, 1 Uhr 45 Minuten=drei Viertel zwei, oder: 1 Uhr 15 Minuten=ein Viertel auf zwei, 1 Uhr 45 Minuten=drei Viertel auf zwei.

---

31. Die Uhr im Straßburger Münster.

Das Münster in Straßburg ist eine der schönsten Kirchen der Welt. Jahrhunderte lang hat man daran gebaut. Nie werde ich den Eindruck vergessen, welchen dieses Meisterwerk auf mich machte. Die prachtvolle Vorderseite, mit zahlreichen Bildwerken geschmückt, ist größtenteils von dem bekannten Bildhauer Erwin von Steinbach. Aber wir konnten nicht dabei verweilen, denn es war beinahe Mittag, die Stunde, wo man die berühmte Uhr am besten beobachten kann. Dieselbe ist von riesiger Größe; das Zifferblatt bedeckt eine ganze Wand. Man sieht darauf nicht nur die Minuten und Stunden, sondern auch die Wochentage, Monate, Jahreszeiten, ja, sogar den Lauf der Sonne, des Mondes und

anderer Planeten. Die Figuren eines Knaben,
eines Jünglings, eines Mannes und eines Greisen
bezeichnen die vier Stundenviertel. An jedem
Wochentage ist diejenige Gottheit sichtbar, welcher
der betreffende Tag gewidmet ist. Wenn die Stunde
schlägt, so erscheint Christus mit den zwölf Aposteln.
Punkt zwölf Uhr kommt der Tod aus einer Thür,
schlägt mit einem Hammer zwölfmal auf den Ambos,
daß es schauerlich schallt und verschwindet dann
wieder. Auch anmutige Musik kann man zu
bestimmten Zeiten hören.

Diese wundervolle Uhr ist ein Werk des Straß=
burger Uhrmachers Schwilge. Bemerkenswert ist
noch, daß man die Uhr nicht aufzuziehen braucht.

Übungen.—In welcher Stadt befindet sich eine
der schönsten Kirchen? Wie nennt man dieselbe?
Wie lange hat man daran gebaut? Wessen Werk
ist die schöne Vorderseite? Was ist im Innern des
Münsters besonders sehenswert? Wie groß ist das
Zifferblatt der Uhr? Was ist auf demselben darge=
stellt? Bezeichnet eine Knabenfigur das erste Stun=
denviertel? Durch was für eine Figur wird das
zweite Stundenviertel angezeigt? Wer verkündet
das dritte Stundenviertel? Was für eine Figur ist
nach Verlauf einer Stunde sichtbar? Um wieviel
Uhr kommt der Tod? Was thut er? Wodurch
werden die Wochentage dargestellt? Was kann man

sonst noch auf der Uhr sehen? Wer hat dies Meisterwerk gemacht? Muß dasselbe oft aufgezogen werden?

32. Der große Birnbaum.

Der alte Rupert saß eines Nachmittags im Schatten eines Birnbaumes vor seinem Hause; seine Enkel aßen von den Birnen und konnten die süßen Früchte nicht genug loben. Da sagte der Großvater: „Ich muß Euch doch erzählen, wie der Baum hierher kam."

„Vor mehr als fünfzig Jahren stand ich einmal hier, wo jetzt der Baum steht, und klagte dem reichen Nachbar meine Armut. Ach! sagte ich, ich wollte gern zufrieden sein, wenn ich mein Vermögen nur auf hundert Thaler bringen könnte. Der Nachbar, der ein kluger Mann war, sprach: Das kannst Du leicht. Sieh, auf dem Plätzchen, worauf du jetzt stehst, stecken mehr als hundert Thaler im Boden. Mache nur, daß Du sie herausbringst."

„Ich war damals noch ein unverständiger, junger Mensch, und grub in der folgenden Nacht ein großes Loch in den Boden, fand aber zu meinem großen Verdrusse keinen einzigen Thaler. Als der Nachbar am Morgen das Loch sah, lachte er, daß er sich beide Seiten hielt, und sagte: O du einfältiger Mensch, so war es nicht gemeint. Ich will Dir aber einen

kleinen Obstbaum schenken, den setze in das Loch, das
Du gemacht hast, und nach einigen Jahren werden
die Thaler schon zum Vorschein kommen."

„Ich setzte den jungen Stamm ein; er wuchs und
wurde der große herrliche Baum, den ihr hier vor
Augen seht. Die köstlichen Früchte, die er die vielen
Jahre hindurch getragen hat, brachten mir schon
weit mehr als hundert Thaler ein, und noch immer
ist er ein Kapital, das reichliche Zinsen trägt."

Schmid.

Übungen.—Wo saß Rupert? wann saß er dort?
wovon war er umgeben? Lobten seine Enkel die
Birnen? Veranlaßte dies den Großvater, die
Geschichte des Baumes zu erzählen? Vor wie viel
Jahren hatte Rupert den Baum gepflanzt? War
er damals in ärmlichen Verhältnissen? Mit wem
hatte er darüber gesprochen? Sagte ihm der Nachbar, er solle Geld aus dem Boden graben? Nahm
Rupert diesen Rat buchstäblich? Fing er noch in
derselben Nacht zu graben an? Verwirklichten sich
seine Erwartungen? Wurde er bitter enttäuscht?
Was that der Nachbar, als er am andern Tage das
Loch im Boden sah? Was schenkte er ihm zum
Troste? Pflanzte Rupert den Birnbaum? Wurde
derselbe für ihn ein Kapital? Brachte das Kapital
hohe Zinsen?

33. Hahn, Hund und Fuchs.

Ein Hund und ein Hahn schlossen Freundschaft und wanderten zusammen in die Fremde. Eines Abends konnten sie kein Haus erreichen und mußten im Walde übernachten. Da sah der Hund eine hohle Eiche, worin für ihn eine vortreffliche Schlafkammer war. "Hier wollen wir bleiben," sagte er zu seinem Kameraden. "Ist mir auch recht," sagte der Hahn; "aber ich schlafe gern in der Höhe." Damit flog er auf einen Ast, wünschte dem andern eine gute Nacht und setzte sich zum Schlafen. — Als es nun Tag werden wollte, fing der Hahn an zu krähen; denn er dachte: "Es ist bald Zeit zum Weiterreisen." — Das Kikeriki hatte der Fuchs gehört, dessen Wohnung nicht weit davon war, und schnell war er da, um den Hahn zu fangen. Da er aber den Hahn so hoch sitzen sah, dachte er: "den muß ich durch gute Wörtlein herunterlocken, denn so hoch kann ich nicht klettern." Gut; das Füchslein macht sich ganz höflich herbei und spricht: "Ei, guten Morgen, lieber Herr Vetter! Wie kommen Sie hierher? Ich habe Sie gar zu lange nicht gesehen! Aber Sie haben sich gar keine bequeme Wohnung gewählt und wie es scheint, haben Sie auch noch nicht gefrühstückt. Wenn es Ihnen gefällig ist, mit in mein Haus zu kommen, so werde ich Ihnen mit ganz frisch gebackenem Brote aufwarten." Der Hahn kannte aber den alten Schelm und es fiel ihm nicht ein, herunterzu-

steigen. „Ei," sagte er, „wenn Sie einer meiner
Vettern sind, so werde ich recht gern mit Ihnen
frühstücken. Aber ich habe noch einen Reisegefährten,
der hat die Thüre zugeschlossen. Wollen Sie so
gefällig sein, diesen zu wecken, so können wir gleich
miteinander gehen." Der Fuchs, welcher meinte, er
könne noch einen zweiten Hahn erwischen, lief schnell
nach der Öffnung, wo der Hund lag. Dieser aber
war wach und hatte Alles angehört, was der Fuchs
gesprochen hatte und freute sich, den alten Betrüger
jetzt strafen zu können. Ehe der Fuchs sich dessen
versah, sprang der Hund hervor, packte ihn an der
Kehle und biß ihn tot. Dann rief er seinen Freund
vom Baume herunter und sagte: „Wenn Du allein
gewesen wärest, hätte dieser Bösewicht Dich umge=
bracht. Aber laß uns eilen, daß wir aus dem
Walde kommen."
Curtmann.

Übungen. — Welche Tiere befreundeten sich mit
einander? Wohin gingen sie? Warum mußten sie
einmal im Walde übernachten? Wo wählte sich der
Hund eine Schlafstätte? Wo schlief der Hahn?
Was that er am andern Morgen? Wer hörte das
Krähen des Hahnes? Wo wohnte der Fuchs? Was
that er? Wodurch wollte er den Hahn vom Baume
locken? Was sagte er? War der Fuchs listig?
Wer übertraf ihn an List? Stellte sich der Hahn,
als glaube er den Worten seines Feindes? Sagte

er dem Fuchs, er habe noch einen Reisegefährten? Dachte der Fuchs, er könne noch einen zweiten Hahn überlisten? Was geschah, als er an die Stelle kam, wo der Hund lag? Wo wurde der Fuchs gebissen? Starb er bald darauf? War der Biß des Hundes tötlich gewesen? Hatte der Bösewicht seine Strafe verdient?

34. Zur goldenen Hochzeit des deutschen Kaisers.

Den 22. März 1879.

Glücklich den preisen wir,
Der in der Myrte Zier
Heimführt die Braut.
Ihm lacht im Lebens-Mai,
Singt Zauber-Melodei,
Birgt alles Lebensglück
    Der **grüne** Kranz.

Oft wohl in Sommerglut
Und in Gewitterwut
Schwand hin das Reis.
Wem's aber frisch verblieb
Und Silberblätter trieb,
Den ziert mit Fug und Recht
    Der **Silberkranz**.

Doch wenn dem Jubilar
Hymen zum dritten gar
Die Fackel beut:
Dann lohnt, dann schmückt er auch,
Freudig nach altem Brauch,
Ihn in des Lebens **H e r b s t**
    Mit **gold'nem** Kranz.

Heil, deutsches Kaiserpaar!
Euch ward nach fünfzig Jahr
Solches zu Teil!
Euch ward das grüne Reis,
In froher Enkel Kreis,
Heute im **S i l b e r**haar
    Zum **goldnen** Kranz.

R. Schrakamp.

Melodie: God save the Queen.

---

35. Glieder des menschlichen Körpers.

Die Glieder des menschlichen Körpers wurden einmal überdrüssig, einander zu dienen und faßten den Vorsatz, dies nicht mehr zu thun. Die Füße sagten: „Warum sollen wir allein für andere tragen? Schafft Euch selbst Hände, wenn Ihr welche braucht!—Der Mund brummte: „Ich müßte wohl ein großer Narr sein, wenn ich immer für den Magen Speisen kauen wollte, damit er nach seiner Bequemlichkeit verdauen möge; schaffe er sich selbst

einen Mund, wenn er einen nötig hat!—Die Augen
fanden es gleichfalls sehr sonderbar, daß sie allein
für den ganzen Leib beständig Wache halten und
für ihn sehen sollten. Und so sprachen auch die
übrigen Glieder des Leibes, und eins kündigte dem
andern den Dienst auf. Was geschah?—Da die
Füße nicht mehr gehen, die Hände nicht mehr arbei=
ten, der Mund nicht mehr essen, die Augen nicht
mehr sehen wollten; so fing der Körper in allen
seinen Gliedern an zu welken, und nach und nach
abzusterben. Da sahen sie ein, daß sie thöricht
gehandelt hatten, und wurden einig, daß es künftig
nicht wieder geschehen sollte. Da diente wieder ein
Glied dem andern, und alle wurden wieder gesund
und stark, wie sie es vorher gewesen waren.

Übungen.—Was wurden die Glieder des mensch=
lichen Körpers müde? Was nahmen sie sich vor?
Was sagten die Füße? die Hände? die Augen?
Was wollte der Mund nicht mehr thun? Weigerte
sich der Magen zu kauen? Was geschah nun?
Sahen die Glieder, als der Körper schwach wurde,
daß eines nicht ohne das andere leben könne?
Beschlossen sie nun, einander zu dienen, wie vorher?
Was war die Folge? Was ist größer, der Mund
oder das Maul? Haben die Menschen einen Mund
oder ein Maul? Was haben die Tiere? Nennen
wir Speisen, welche nicht leicht zu verdauen sind,

unverdaulich? Können Sie unverdauliche Speisen nennen? Können wir durch den Genuß solcher Speisen krank werden? Müssen wir oft Arzenei nehmen, wenn wir krank sind? Müssen wir bei einigen Krankheiten auch das Bett hüten? Kann der Doktor (Arzt) jede Krankheit heilen? Müssen wir die Vorschriften des Arztes befolgen, wenn wir genesen wollen? Sind wir während der Genesung recht schwach? Schätzen wir eine gute Gesundheit erst dann, wenn wir krank sind? Krankheiten, welche von einer Person auf eine andere übertragen werden, nennen wir ansteckende Krankheiten. Was ist die Pest? die Cholera? das gelbe Fieber? Was sind Augen-, Ohren-, Hals-, Lungen-, Herz- und Magen-Krankheiten? Was sind Augen- und Ohrenärzte? Personen, welche vorgeben, Alles heilen zu können, ohne die Arzeneikunde studiert zu haben, nennt man auf deutsch Quacksalber oder Wunderdoktoren. Giebt es noch heutigen Tages solche Quacksalber? Werden dieselben von der Regierung wegen ihrer Betrügereien strenge bestraft?

36. Der Quacksalber.

Kauft, ihr Leute, kauft!
Alle meine Mixturen
Wirken wie Wunderkuren.
Für Lungensucht und Leberweh,
Verordne ich gar guten Thee.

Für Kopfweh und das Seitenstechen,
Für Magenweh und das Erbrechen,
Verschreib' ich Tropfen, fein und gut,
Die wirken auch auf Herz und Blut.

Das Zipperlein kann ich vertreiben
Mit einer Salbe zum Einreiben.
Das Herzweh und den Krampf zu stillen,
Hab' ich die allerbesten Pillen.

Für Fallsucht und die Pestilenz
Hab' ich die herrlichste Essenz.
Für Ohrensausen und Hühneraugen
Dürft ihr nur meine Mittel brauchen.

Das Zahnweh und das Gliederreißen
Heil' ich nach ganz besondern Weisen;
Braucht ihr nur meine Arzenei,
In einer Stunde ist's vorbei.

Alles kann ich schnell kurieren:
Kommt nur, um es zu probieren,
Alles auf das Allerbest'
Factum et probatum est. *Jugend Bibliothek.*

---

37. Ein chinesisches Gastmahl.

Ta=ki, ein Kaufmann aus Shang=hai, veranstaltete ein Festessen zu Ehren mehrerer österreichischer Reisenden. Einer der Gäste beschreibt dasselbe ungefähr wie folgt.

Mehrere Tage vor dem Feste erhielten wir eine Einladungskarte, die nach Landessitte auf blutrotem Papier geschrieben war.

Um acht Uhr abends begaben wir uns nach Ta-ki's Hause. Nachdem wir einige Gänge durchschritten hatten, gelangten wir in die eigentlichen Gemächer. Dieselben waren mit großen, farbigen Laternen erleuchtet. An den goldverzierten Wänden hingen gelbe und weiße Papierrollen, worauf zahlreiche Sprüche standen.

Für das Abendessen war nicht eine lange Tafel gedeckt, sondern viele kleine viereckige Tische. An jedem derselben nahmen drei Europäer und ein Chinese Platz. Die Tische waren mit den verschiedensten Gerichten beladen. Backwerk und Früchte bildeten den Anfang. Während wir hin- und hersannen, was für Gerichte wohl in den vielen bunt gemalten Tellerchen sein könnten, legte der Chinese uns schon mit zwei Stäbchen von jeder Speise vor. Zu unserem nicht geringen Entsetzen leckte er die Stäbe jedesmal ab, bevor er uns ein frisches Stück gab.

Die meisten Gerichte waren uns unbekannt; denn die chinesische Kochkunst betrachtet es als einen besondern Vorzug, den natürlichen Geschmack der Speisen unkenntlich zu machen. Wir bekamen nicht nur Schwalbennester und gedämpfte Frösche, sondern auch gebratene Seidenwürmer, Fischflossen, Büffelsehnen, Bambuswurzeln, Seegras und andere Leckerbissen. Der Tisch wurde dreimal mit frischen Speisen gefüllt, so daß gegen fünfzig Schüsseln aufgetragen wurden. Die wenigen Fleischspeisen waren schon in kleine Stücke zerschnitten, und Nüsse und Mandeln kamen ohne Schale auf den Tisch. Während des Essens schenkte ein Mädchen fortwährend einen warmen Trank in kleine Tassen; chinesische Höflichkeit fordert nämlich, daß jeder Gast stets ein volles Gefäß hat. Nach dem Essen wurde Thee herumgereicht. Der Schluß der Mahlzeit wurde dadurch angedeutet, daß die Speisestäbchen zuerst in die Höhe gehalten und dann wagerecht auf die Theetasse gelegt wurden.

Übungen. —Wer gab das Essen? Wer war also der Gastgeber? Wem zu Ehren wurde das Mahl gegeben? Wo fand dasselbe statt? Womit waren die Säle verziert? Wodurch wurden sie erleuchtet? Wie viele Personen saßen an jeder Tafel? Wer legte vor? Womit geschah das Vorlegen? Möchten Sie eine chinesische Mahlzeit sehen? Möchten Sie chinesische Gerichte genießen? Wie viele Gänge hat eine Mahlzeit oft? Was wird zuerst gegessen? Wie werden Nüsse und Mandeln auf den Tisch gebracht? Welche Speisen würden Sie bei einer chinesischen Mahlzeit überschlagen? Finden Sie chinesischen Thee gut? Woraus trinken die Chinesen denselben? Womit essen die Chinesen? Genießen die Chinesen warme oder kalte Getränke? Was geschieht beim Ende einer chinesischen Mahlzeit mit den Stäbchen?

38. In einem Laden.

Was ist wohl anregender, aber auch ermüdender, als die Wanderung durch einen großen Laden? Alles, was Gewerbefleiß und Kunstsinn erzeugt haben, um unsere Bedürfnisse zu befriedigen und den Luxus zu steigern, ist hier zu finden. Und wie interessant ist es gleichzeitig, die verschiedenen Käufer zu beobachten! Vor den großen Schaufenstern steht eine dichte Menge, angelockt durch die verschiedensten Gegenstände, welche ebenso hübsch als zweckmäßig (praktisch) sind und obendrein billig scheinen. Im Innern des Ladens ist alles ebenso zierlich geordnet und ausgestellt, wie in den Schaufenstern. Nicht weit vom Eingange werden Schuhe verkauft.

Schuhe.

Ein Arbeiter kauft ein Paar Schuhe zum Schnüren, mit dicken Sohlen und niedrigen Absätzen. Eine junge Dame wählt ein Paar leichte Knöpfstiefelchen mit spitzen Absätzen und feinen Stickereien. Jene alte Frau sieht weniger auf Schönheit als auf den Nutzen der Ware; sie sucht nach warmen Hausschuhen. Jetzt hat sie ein Paar, das ihr zu gefallen scheint. Sie zieht einen Schuh an. „Der paßt wie angegossen!" Nun kommt der andere Schuh. „Der ist ein wenig eng an der Spitze, doch das Leder weitet sich ja aus. Was kosten diese Pelzschuhe?" „Acht Thaler!" lautet die Antwort. „Ist das der allergenaueste Preis?" „Jawohl, meine Dame! wir haben nur feste Preise." „Acht Thaler! nein, das ist mir zu teuer! Haben Sie nichts im Preise von 4—5 Thaler?" „Gewiß, damit kann ich aufwarten. Wir haben die beste Sorte von Filz- und Tuch-Schuhen." Und damit zeigt der gefällige Ladendiener eine solche Auswahl von Schuhen, daß unser Mütterchen bald gefunden hat, was es wünscht. Da kommt eine Mutter mit drei Kindern heran, welche alle mit Fußzeug versehen werden müssen. Es ist keine kleine Geduldsprobe, dem unruhigen Völkchen Stiefel, Schuhe, Pantoffeln und Überschuhe anzupassen.

Übungen. — Finden Sie es interessant, durch einen Laden zu gehen? Warum? Was für Gegenstände sehen Sie dort? Beobachten Sie die Käufer gern? Welche drei Eigenschaften wünschen Sie bei einem Gegenstande vereint, den Sie kaufen wollen? Wo werden die Waren ausgestellt, damit die Vorübergehenden dieselben sehen? Was kaufen

Sie in einem Hutladen? in einem Juwelierladen? in einem Schuhladen? Was sind Knöpf-, Schnür-, Gummi-, Tuch-, Pelz-, Haus-, Bergschuhe? Tragen Sie hohe oder niedrige Absätze?

Damenhüte.

Dort suchen einige Damen einen Sommerhut aus. „Setzen Sie diesen Hut einmal auf! der steht Ihnen ausgezeichnet."—„Nein, er ist mir zu schwer und ich mag die großen Federn nicht."—„Vielleicht gefällt Ihnen dieser Hut besser?"—„Die Form ist hübsch, aber das Stroh ist zu grob."—„Da ist ein schöner Panama-Hut; was sagen Sie dazu?"—„Er ist leicht, aber Panama wird diesen Sommer gar nicht getragen."—„Wie finden Sie ein Barett? Es wäre sehr kleidsam für Sie!"—„Ich will einige versuchen. Geben Sie mir eines mit einem hohen Rande."— „Die sind nicht vorrätig."—„Schade! Zeigen Sie mir dann gefälligst jene kleinen Hüte. Dieser ist hübsch, nur die breiten Bänder sehen so altmodisch aus."—„Die Bänder könnte man leicht ändern."— „Was kostet der Hut?"—„Dreißig Mark."—„Das ist sehr viel."—„Wie wäre es, wenn Sie eine Form mit Tüll und Spitzen überziehen ließen?"—„Das ist ein guter Vorschlag; doch ich kann den Hut selbst putzen. Geben Sie mir eine Form, Futterseide, Spitzen und eine Ranke von diesen Goldblättern!"

Übungen. — Was sind Sommer-, Winter-, Stroh-, Filz-, Tüll-, Spitzen-, Feder-, Reisehüte? Tragen Sie einen Hut mit einem breiten oder mit einem schmalen Rande? Womit kann ein Hut verziert oder geputzt werden? Macht die Putzmacherin Damenhüte? Was macht der Hutmacher? Wofür benutzen Sie eine Hutschachtel? Nehmen die Herren den Hut ab, wenn sie grüßen?

Damenkleider.

Auf jener Seite befinden sich Damenkleider. Alle möglichen Stoffe sind auf dem Ladentische aufgestapelt: Batist, Musselin, Kattun und sonstige Baumwollenzeuge; Flanell, Tuch und andere Wollstoffe; Atlas, Sammet und Seide. Auch fertige Anzüge sind zu haben und die Damen finden es schwer, sich für dieses oder jenes Kleidungsstück zu entscheiden. Da kommt ein Ladenmädchen: „Sehen Sie nur, meine Damen, wie hübsch dieses Reisekleid gemacht ist, einfach und geschmackvoll. Es kostet nur 45 Mark, gewiß eine seltene Gelegenheit."— „Ich will es anprobieren; wenn es paßt, nehme ich es. Wirklich, es sitzt nicht schlecht; nur sind die Ärmel etwas lang; auch das Gürtelband sollte enger sein und der Rock muß eine Handbreit kürzer gemacht werden. Der Rücken wirft Falten. Nehmen Sie den Kragen ab und nähen Sie die Schulternähte ein, dann wird es passen."— „Gut, das

Kleid soll zu Ihrer Zufriedenheit geändert werden. Morgen Abend wird es fertig sein. Wohin sollen wir es schicken?"—"Hier ist meine Adresse."

Diese zwei Damen scheinen über ein Gesellschaftskleid ganz entzückt zu sein. "Sieh' nur die prachtvolle Seide! und welch herrliches Rot! Wie hübsch der Rock gefaltet ist! Wie fein sind die spanischen Spitzen, womit der Ausschnitt und die Ärmel verziert sind! Der Besatz am Überwurf ist allerliebst! und wie hübsch die lange Schleppe fällt!"— So folgt ein Ausruf dem andern.

Doch weiter! es giebt noch mehr zu sehen. Da sind Sommermäntel, Jacken, Shawls, Mantillen und Hauben, warme Flanell=Unterröcke für den Winter und reichgestickte Musselinröcke für den Sommer, Schleier und Fächer, kurz Alles, was den Damen Nutzen und Freude gewährt.

Übungen.—Aus was für Stoffen macht man Kleider? Wie heißen die verschiedenen Teile eines Kleides? Womit kann ein Kleid besetzt werden? Welche Art von Besatz ziehen Sie vor? Wann tragen Sie Flanell=Unterröcke? Was ist ein Morgenkleid? ein Hauskleid? ein Reisekleid? ein Gesellschaftskleid? ein Ballkleid? ein Trauerkleid? ein Brautkleid? Wo tragen Sie einen Schleier? Was für Kleidungsstücke kennen Sie?

Herrenkleider.

In dem Teile des Ladens, wo Herrenkleider verkauft werden, ist das Gedränge weniger groß, als auf der Damenseite. Die Herren sind nicht so unschlüssig bei der Auswahl ihrer Kleidungsstücke. Eben tritt ein Herr ein. "Geben Sie mir einen Regenmantel No. 1, beste Qualität! Zeigen Sie mir auch Regenschirme! Der da scheint dauerhaft. Die Seide ist gut, ich will ihn nehmen. Was bin ich Ihnen im Ganzen schuldig? — Da ist der Betrag."—Und—fort ist er!

Da kommt ein anderer. "Ich wünsche einen Überrock!" "Wollen Sie gefälligst Farbe und Stoff angeben?"—"Ich ziehe graues oder braunes Tuch vor."—"Hier ist ein grauer Überrock; wollen Sie den vielleicht anpassen?"—"Der ist gut; was kostet er?"—"125 Mark!"—"Das ist ziemlich viel für einen Sommer-Überzieher."—"Hier ist einer, der weniger kostet; aber der Kragen ist von schlechtem Sammet; die Ärmel sind nicht mit Seide gefüttert; die Knopflöcher sind mit der Maschine gemacht und die Seiten sind mit wollener Litze eingefaßt."— "Nein, das ist schlechte Ware. Schicken Sie mir diesen Rock nebst Rechnung heute Abend zwischen 7 und 8 Uhr."

Da giebt es noch etwas zu sehen. Ein sechsjähriger Knabe steht vor dem Spiegel und ist außer sich vor Freude. Das ist gewiß die erste Hose. Er spreizt die Beine weit auseinander und steckt die Hände in die Hosentaschen. „Mama! sieh' nur die großen Taschen! da kann ich mein Geld verwahren, wenn ich welches bekomme. Und die schönen Hosenträger! Mama, kann ich die Weste nicht losknöpfen, damit die Leute sehen können, daß ich ein Faltenhemd anhabe? Wann bekomme ich eine Uhr für die Uhrtasche in meiner Weste? Mama, hast Du die Aufschläge an den Ärmeln schon gesehen? Sieh' nur, der Kragen ist gerade wie der von Großpapa; und meine Krawatte ist noch schöner! Ich wollte, die Hose wäre so lang, daß man meine Strümpfe nicht sehen könnte!" Und ehe noch die Mama auf diese Flut von Ausrufen und Fragen ein Wort erwiedern kann, fragt unser Held ganz ernst: „Ob Papa mich wohl erkennt, wenn ich nach Hause komme?"

39. Das Gewitter.

Die Luft ist so schwül. Kein Blatt rührt sich. Die Vögel flattern ängstlich umher. Ein Gewitter muß im Anzuge sein. Schwarze Wolken steigen am Horizonte auf. Plötzlich erhebt sich ein starker Wind und wirbelt Staubwolken empor. Ein Paar dicke Tropfen fallen auf die Erde; dann gießt der Regen in Strömen nieder. Der Donner rollt in der

Ferne. Jetzt zuckt ein Blitz durch die Luft. Blitz und Donner folgen Schlag auf Schlag. Der Himmel gleicht einem Flammenmeere. Der Sturm rast, der Hagel prasselt gegen die Fensterscheiben. Horch! welch gräßlicher Krach! Der Blitz hat eingeschlagen. Dort steigt dichter Rauch auf. Ob er ein Haus getroffen hat? Nach und nach legt sich das Unwetter. Der Regen läßt nach. Die Wolken zerteilen sich und der glänzende Regenbogen, das Zeichen des Friedens, erscheint am Himmel.

Übungen.—Wie ist die Luft vor einem Gewitter? Was thun die Vögel? Was sehen Sie am Himmel? Was sagen Sie, wenn es windstill, schwül und dunkel wird? Was kommt gewöhnlich vor einem Gewitter? Was thut dieser Windstoß? Was folgt darauf? Was thut der Regen? der Blitz? der Donner? der Sturm? Was hören Sie, wenn der Blitz einschlägt? Zündet der Blitz immer? Nennen wir einen Blitz, welcher nicht zündet, einen kalten Schlag? Sind Menschen schon vom Blitze erschlagen worden? Giebt es etwas, wodurch wir den Blitz von unseren Wohnungen ableiten können? Ist das der Blitzableiter? Wer hat denselben erfunden? War Benjamin Franklin ein Amerikaner? Was sehen Sie mitunter nach einem Gewitter am Himmel? Fürchten Sie Sich bei einem Gewitter?

40. Das Gewitter.

Urahne, Großmutter, Mutter und Kind
In dumpfer Stube zusammen sind;
Es spielet das Kind, die Mutter sich schmückt,
Großmutter spinnet, Urahne gebückt
Sitzt hinter dem Ofen im Pfühl.
    Wie wehen die Lüfte so schwül!

Das Kind spricht: „Morgen ist's Feiertag;
Wie will ich spielen im grünen Hag,
Wie will ich springen durch Thal und Höh'n,
Wie will ich pflücken viel Blumen schön!
Dem Anger, dem bin ich hold!"
    Hört ihr's, wie der Donner grollt?

Die Mutter spricht: „Morgen ist's Feiertag;
Da halten wir alle fröhlich Gelag;
Ich selber, ich rüste mein Feierkleid;
Das Leben, es hat auch Lust nach Leid,
Dann scheint die Sonne wie Gold!"
    Hört ihr's, wie der Donner grollt?

Großmutter spricht: „Morgen ist Feiertag,
Am liebsten ich morgen sterben mag;
Ich kann nicht singen und scherzen mehr;
Ich kann nicht sorgen und schaffen schwer;
Was thu' ich noch auf der Welt?"
    Seht ihr, wie der Blitz dort fällt?

Sie hören's nicht, sie sehen's nicht,
Es flammet die Stube wie lauter Licht:
Uhrahne, Großmutter, Mutter und Kind,
Vom Strahl miteinander getroffen sind;
Vier Leben endet ein Schlag
   Und morgen ist's Feiertag.   Schwab.

---

41. Wiese und Wald.

Gestern machten wir einen Ausflug auf das Land. Der Wagen rollte auf der ebenen Landstraße so schnell dahin, daß die staubige Stadt mit ihrem Lärm und Getümmel bald weit hinter uns lag. Auf beiden Seiten des Weges sahen wir freundliche Landhäuser inmitten hübscher Garten-Anlagen, welche durch grüne Hecken oder zierliche Gitter von der Straße getrennt waren. Nachdem wir ungefähr zehn Meilen zurückgelegt hatten, bogen wir rechts ab und kamen auf einem schmalen Fahrwege durch anmutiges Wiesenland. Pferde, Kühe und Schafe weideten hier friedlich neben einander. Einige Tiere standen neugierig am Zaune, andere hatten sich am Boden gelagert und waren mit Wiederkäuen beschäftigt. Hier und da war schon eine Wiese gemäht und das frische Heu verbreitete einen würzigen Duft. Grillen zirpten im Grase; Leuchtkäfer schwirrten durch die Luft; bunte Schmetterlinge flatterten von Blume zu Blume; Bienen

und Mücken summten um die Wette und die Wasser=
jungfer flog über dem klaren Bache, der sich durch
das Gras wand.

Gegen Mittag erreichten wir ein Gehölz. O
Waldespracht, wer könnte dich beschreiben! Die
hohen Bäume vereinigten sich zu einem schattigen
Laubdach und das Auge konnte sich nicht satt sehen
an den herrlichen Farben. Alle Schattirungen
waren hier vertreten, von den hellen Blättern der
Birke bis zum tiefen Rot der Rotbuche und dem
Schwarzgrün der Tanne. Ein Eichhörnchen huschte
vorüber und kletterte eine knorrige Eiche hinauf,
welche von Epheu umrankt war. In einem Astloche
hatte es seine Wintervorräte niedergelegt: Tannen=
zapfen, Eicheln, Haselnüsse und Wurzeln. Die
Vögel hielten ihren Mittagsschlaf. Kein Windhauch
bewegte die Wipfel. Wir ließen uns auf dem
weichen Moos nieder und wanden einen Strauß von
Farnkraut, Gräsern und Waldblumen. Bei der
feierlichen Stille, welche ringsum herrschte, kamen
uns unwillkürlich Göthe's Worte in den Sinn:

"Über allen Gipfeln ist Ruh',
In allen Wipfeln spürest du
Kaum einen Hauch;
Die Vöglein schweigen im Walde.
Warte nur!
Bald ruhest du auch."

Übungen.—Wann machten Sie einen Ausflug? Wohin begaben Sie sich? Fuhren Sie oder gingen Sie zu Fuße? Wie fuhr der Wagen? Was können Sie von der Landstraße sagen? Was erblickten Sie zu beiden Seiten derselben? Wollen Sie die Landhäuser beschreiben, welche Sie sahen? Wie lange blieben Sie auf der Landstraße? Schlugen Sie dann einen Fahrweg ein? Wie war derselbe? Was für Land sahen Sie? Was für Tiere weideten dort? Wie heißt das Gras, wenn es getrocknet ist? Hat das Heu einen starken Geruch? Was für Tiere hörten Sie im Grase? Was thaten die Käfer? Welche Tiere summten? Wo sahen Sie eine Wasserjungfer? Wann kamen Sie in den schattigen Wald? Was bewunderten Sie dort? Welche Bäume haben helle, welche dunkle und welche rote Blätter? Was für ein Tier sahen Sie? Was für Wintervorräte hatte das Eichhörnchen gesammelt? War es lebendig oder ruhig im Walde? Warum war es so still? Wohin setzten Sie sich? Was thaten Sie? An welchen Dichter dachten Sie? Wollen Sie „Göthe's Abendruhe" auswendig lernen?

---

42. Abend im Walde.

Da unten am Bach, im Waldesgrund,
Da ging ich gestern zur Abendstund'
Erdbeeren zu suchen ganz allein,

Die Sonne schien so warm hinein.
Da standen Blumen die Hüll' und Füll',
Und Schmetterlinge flogen und sogen;
Da war ringsum der Wald so still,
Und Rehe kamen angezogen
Und tranken dort—und die Wellen im Bach,
Sie liefen so lustig einander nach
Und blitzten recht in den Abendstrahlen.
Das war so prächtig, so wunderschön,
Ich konnt' mich gar nicht satt d'ran sehn,
Ach, wär' ich ein Maler, das möcht' ich malen!

Reinick.

43. Der gestirnte Himmel.

Auf einer großen Weide gehen
Viel tausend Schafe silberweiß;
Wie wir sie heute wandeln sehen,
Sah sie der allerältste Greis.

Sie altern nie und trinken Leben
Aus einem unerschöpften Born;
Ein Hirt ist ihnen zugegeben
Mit schön gebognem Silberhorn.

Er treibt sie aus zu goldnen Thoren;
Er überzählt sie jede Nacht,
Und hat der Lämmer keins verloren,
So oft er auch den Weg vollbracht.

Ein treuer Hund hilft sie ihm leiten;
Ein muntrer Widder geht voran,
Die Herde, kannst du sie mir deuten?
Und auch den Hirten zeig' mir an! Schiller.

---

44. Das Feld.

Beim Austritt aus dem Walde lag eine prächtige Landschaft vor uns. So weit das Auge reichen konnte, dehnten sich fruchtbare Äcker aus. Hier stand der Mais in voller Blüte; dort fuhr der Wind über ein gelbes Weizenfeld. Die Ähren waren so voll, daß die Halme sich beugten. Der Roggen wurde bereits gemäht. Die Schnitter waren eifrig beschäftigt, Garben zu binden und dieselben auf Wagen zu laden. Weiterhin fuhr der Landmann schon über ein Stoppelfeld; und er zog mit dem Pfluge tiefe Furchen in das Land, um es für die Wintersaat zu bereiten. Ein Buchweizenfeld glich mit seinen bunten Blüten einem riesigen Blumenbeet. Neben den genannten Getreidearten gab es auch Gerste, woraus der Braue rdas kräftige Bier macht, und Hafer, das Lieblingsfutter der Pferde.

Übungen.—Welche Getreidearten können Sie mir nennen? Was ist ein Weizenfeld? ein Maisfeld? ein Haferfeld? ein Gerstenfeld? ein Roggenfeld? Welche Getreideart ziehen Sie vor? Welche Getreideart gedeiht am besten in diesem Staate? Wie heißt das Ackergerät, womit der Landmann Furchen in das Land schneidet? Wann säet man Weizen, Roggen, Gerste? Welche Farbe hat das Brot, welches man aus Weizenmehl bäckt? Wie sieht Roggenbrot aus? Was finden Sie schmackhafter, Weizen- oder Roggenbrot? Wächst das Getreide auf Halmen? Sind dieselben schlank und hohl? Wann ist die Ähre recht schwer? Wissen Sie, was man aus Gerste bereitet? und aus Hafer? aus Buchweizen? aus Mais? Wird der Mais auch als Gemüse gegessen? Was benutzen wir vom Getreide, die Körner oder das Stroh?—Beides.— Gut! Welches von beiden ist wertvoller? Woraus wird Mehl bereitet? Sind Sie schon einmal über ein Stoppelfeld gegangen? Fanden Sie das Gehen unbequem? Warum? Kennen Sie Garben? Wie viel Garben sah der egyptische Joseph im Traume?

45. Das Samenkorn.

Wer merkt's am Samenkorn so klein,
Daß d'rin ein Leben könnte sein?
Kaum hab ich's in das Land gesteckt,
Da ist auch seine Kraft erweckt,
Da bringt es aus der Erde vor,
Da steigt es in die Luft empor,
Da treibt's und wächst, und grünt und blüht;
Da lobt den Schöpfer, wer es sieht.   Hey.

46. Der Wanderer in der Sägemühle.

Dort unten in der Mühle
Saß ich in guter Ruh'
Und sah dem Räderspiele
Und sah den Wassern zu.

Sah zu der blanken Säge,
Es war mir wie ein Traum.
Die bahnte lange Wege
In einen Tannenbaum.

Die Tanne war wie lebend;
In Trauermelodie,
Durch alle Fasern bebend,
Sang diese Worte sie:

Du kehrst zur rechten Stunde,
O Wanderer, hier ein;
Du bist's, für den die Wunde
Mir dringt in's Herz hinein:

Du bist's, für den wird werden,
Wenn kurz gewandert du,
Dies Holz im Schoß der Erden
Ein Schrein zur langen Ruh'.

Vier Bretter sah ich fallen,
Mir ward um's Herze schwer;
Ein Wörtlein wollt ich lallen,
Da ging das Rad nicht mehr. Kerner.

47. Rätsel.

Ich kenne ein Bäumchen, fein und zart,
Trägt Früchte von gar seltner Art;
Es funkelt und leuchtet mit hellem Schein
Zur Winterzeit in die Nacht hinein.
Das Bäumchen erfreuet die Kinder gar sehr,
Sie hüpfen und springen voll Lust um es her,
Und singen so fröhliche Lieder dabei.—
Ihr Kinder, so ratet denn, was es sei.

---

48. Auf der Reise.

Am Zollamt.

Nach einer stürmischen Überfahrt landete unser Dampfer am 2. Juli in Hamburg. Kapitän, Steuermann, Matrosen und Passagiere hatten die Kajüten verlassen und standen ungeduldig auf dem Verdeck. Als wir endlich festen Boden unter den Füßen hatten, wurden wir am Zollamt aufgehalten. „Nichts zu versteuern, meine Herrschaften?" „Keine zollpflichtigen Gegenstände?" so tönte es von allen Seiten. Wir versicherten feierlich, nichts dergleichen zu besitzen; aber gerade diese Beteuerung mußte dem Zollbeamten wohl Argwohn einflößen, denn unser Gepäck wurde besonders scharf untersucht. Koffer, Mantelsack, ja sogar Hutschachteln wurden geöffnet und durchsucht, ob etwa Schmuggelwaren darin enthalten seien. Da sich jedoch nichts vorfand, wurde Alles höchst unordentlich eingepackt, oder besser gesagt, in die Koffer geworfen. Eine Schar von Gepäckträgern, Lohndienern und Kutschern bot schreiend ihre Dienste an. Wir stiegen schnell in einen Mietwagen, (Droschke, Kutsche) ließen unser Gepäck darauf laden und bezahlten für die Fahrt zum Gasthof die gewöhnliche Taxe, nämlich 1 Mark 50 Pfennige, außerdem eine halbe Mark für jeden Koffer und 25 Pfennige für jedes Stück Handgepäck. Auch das übliche Trinkgeld wurde nicht vergessen.

Im Gasthof.

Gegen Mittag hielten wir vor dem Gasthof zum deutschen Kaiser, wo wir ein paar Tage nach den Strapazen der Seereise ausruhen wollten. Der Hausknecht nahm unsere Sachen in Empfang, der Portier war uns beim Aussteigen behülflich und befahl einem Kellner, uns ein Zimmer anzuweisen. Vorher mußten wir jedoch unsere Namen nebst Stand, Heimat und Reiseziel in das dicke Fremdenbuch eintragen. Unser Zimmer sah recht freundlich aus und die Betten waren mit blendend weißer Leinwand gedeckt. Nur ein großer, weißer Porzellanofen schien uns sonderbar. Das Stubenmädchen erkundigte sich nach Bedürfnissen, brachte warmes Wasser und bürstete unsere Kleider. Darnach begaben wir uns in den Speisesaal. „Speisen die

Herrschaften nach der Karte oder kommen Sie um 1 Uhr mit den andern Gästen zur gemeinschaftlichen Tafel?" (table d'hôte) fragte ein Kellner. Wir forderten den Speisezettel, welcher uns sofort überreicht wurde. Ein deutscher Speisezettel lautet ungefähr folgendermaßen:

Suppen.

Hühnersuppe; Schildkrötensuppe; Ochsenschwanzsuppe; Fleischsuppe mit Reis, Sago und Klößen; Kartoffelsuppe; Erbsensuppe; Bohnensuppe; Linsensuppe; Kräutersuppe; Biersuppe; Weinsuppe; Nudelsuppe.

Fisch.

Holländische Heringe; Sardinen; Sardellen; Kaviar; marinirter Lachs; eingelegter Aal; Forellen; Krebse; Karpfen; Hummersalat; gebackene Seezunge; getrockneter Stockfisch.

Fleisch.

Gekochtes Rindfleisch; Kalbsbraten; Schweinsbraten; Mürbebraten (Filet); Sauerbraten; Nierenbraten; Hammelskeule; Beefsteak; Ragout; Frikassee; westfälischer Schinken; Hamburger Rauchfleisch; getrocknete Zunge; pommersche Gänsebrust; eingelegte Kalbsfüße; Leber; Bratwurst; Frankfurter Knackwürstchen.

Geflügel.

Gebratene Tauben und Enten; gestovte Hühner; gebackene Hühnchen, (in Süddeutschland Backhähnel); gefüllte Gans; Puter; Krammetsvögel; Schnepfen; Bekassinen; Auerhahn.

Wildbret.

Hasenbraten; Hasenpfeffer; Rehbraten; wilder Schweinsbraten in Gelee.

Pasteten.

Hasenpastete; Rehpastete; Feldhühnerpastete; Aal- und Krebspastete; Straßburger Gänseleber-Pastete; Pasteten von Schinken; Maccaroni und so weiter.

Gemüse:

Erbsen; Spargel; Spinat mit Eier; Blumenkohl; Brüsseler Kohl; Sauerkraut; Salatbohnen; dicke Bohnen; Schneidebohnen; Rüben; Möhren; Schwarzwurzeln; Artischocken; Kartoffelbrei; Kartoffelscheiben; gebratene Kartoffeln.

Eier- und Mehlspeisen.

Gekochte Eier; gebratene Spiegeleier; Rühreier; Eierkuchen oder Omelette; Pfannkuchen; Reis; Nudeln; Klöße.

Pudding und Aufläufe

von Reis, Obst, Brod, Fisch und so weiter. (Der Auflauf wird nicht umgestürzt, wie der Pudding; sondern in der Schüssel oder Form, worin er gebacken ist, aufgetragen).

Obst.

Frisches Obst; eingemachte Früchte; getrocknete Früchte; gekochte Früchte wie Apfelmus, Pflaumenmus.

Torten, Kuchen und kleines Backwerk.

Sand-, Schaum-, Apfel-, Wiener- und Linzertorte; Schwamm-, Mandel- und Aniskuchen; Baumkuchen; Lebkuchen; Waffeln; Windbeutel; Makronen; Biskuit; Zwieback.

Es dauerte ziemlich lange, bis wir diesen langen Speisezettel durchlesen und einige Gerichte daraus gewählt hatten. Der Kellner gab uns dann die Weinkarte, welche wir flüchtig übersahen und bei Seite legten. Wahrscheinlich erwartete er eine Bestellung, denn er fragte nach einer Weile: „Welchen Wein befehlen die Herrschaften?"— „Keinen!"— „Welche Sorte Bier ist gefällig?"— „Bringen Sie uns gefälligst Wasser!"—Diese Antwort schien nicht geringes Staunen zu erregen, denn in Deutschland trinkt Jedermann Wein oder Bier zu Tische.

Nach dreitägigem Aufenthalt „im deutschen Kaiser," machten wir Anstalten zur Weiterreise. Wir ließen uns die Rechnung geben, welche sehr lang, aber nicht übermäßig hoch war. In deutschen Gasthöfen berechnet man den Preis nicht per Tag, sondern Alles wird einzeln berechnet: Zimmer, Beleuchtung, Bedienung, Frühstück, Mittagessen, Abendessen und so weiter. Auch beanspruchten Kellner, Hausknecht, Stubenmädchen und Portier ein Trinkgeld, was in Deutschland allgemein Sitte ist.

Am Bahnhof und auf der Eisenbahn.

Der Omnibus des Gasthofes brachte uns nebst unserm Gepäck zum Bahnhof. Dort sahen wir auf dem Fahrplan, daß es noch fast eine Stunde bis zur Abfahrt des Zuges war. Wir begaben uns in den Wartesaal erster Klasse, bis das Schalter geöffnet wurde. Dann forderten wir ein Billet zweiter Klasse nach Köln und bezahlten 5 Mark Zuschlag für ein Schlafcoupé. Mit unsern Billets begaben wir uns zur Gepäck-Annahme, wo das Gepäck gewogen wird. Jeder Reisende hat fünfzig Pfund Freigepäck; für jedes weitere Pfund werden einige Pfennige Übergewicht oder Überfracht berechnet. Nachdem wir 11 Mark 42 Pfennige Übergewicht bezahlt hatten, wurde das Gepäck eingeschrieben und wir nahmen unseren Gepäckschein in Empfang. Es dauerte nicht lange, so wurde unser Zug abgeläutet oder signalisiert; wenige Minuten später traf er ein. Gleichzeitig trat ein Schaffner in den Wartesaal und rief mit lauter Stimme: „Einsteigen in der Richtung nach Münster, Wesel, Köln, Aachen!"

Alles beeilte sich, dieser Aufforderung Folge zu leisten. Wir fanden, daß ein deutscher Eisenbahnwagen ganz verschieden von den amerikanischen ist. Jeder Wagen hat 5—6 Abteilungen, Coupé genannt, welche nicht mit einander verbunden sind. Es giebt daher besondere Coupés für Nicht=Raucher, Raucher und Damen. In einem Coupé sind acht Plätze und die Personen sitzen einander auf bequemen Sofas gegenüber. Auf jeder Seite desselben befinden sich zwei Fenster und eine Thür, durch welche man mit Hülfe eines Wagentrittes, wie in einem gewöhnlichen Wagen ein= und aussteigt. Der Schaffner erschien von Zeit zu Zeit und rief: „Billets vorzeigen, meine Herrschaften!" Er war stets bereit uns Auskunft zu geben, wenn wir ihn um etwas fragten. Der Zug fuhr ziemlich langsam, so daß wir die Gegend überblicken konnten. Interessant war es, an den kleineren Stationen die Landleute zu beobachten, welche im Sonntagsstaate zum Schützenfest in N. fuhren. Es war uns nicht unangenehm, daß unser Zug sich dadurch bedeutend verspätete.

49. Briefe.

Phila., den 3. April 1883.

Liebe Schwester!

Wie ist es, daß wir seit zehn Tagen kein Lebenszeichen von Dir haben? Der Briefträger bringt uns Montags so regelmäßig einen Brief von Dir, daß Mama sich ängstigt, wenn keiner kommt. Schreibe also umgehend ein paar Zeilen und sei herzlich umarmt und geküßt von

Deiner Dich liebenden

Marie.

Liebe Marie!

Ich habe mir beim Turnen die Hand verrenkt und kann deßhalb nicht schreiben, so daß ich heute eine meiner Mitschülerinnen als Sekretärin benutze. Der Doktor sagt, ich müsse die Hand noch einige Tage schonen. Ich gedenke aber Sonntag einen ausführlichen Brief an Mama zu schreiben. Macht Euch meinetwegen keine Unruhe! Ich befinde mich sonst ganz wohl.

Grüße Mama und die Geschwister von mir und empfange selbst einen herzlichen Schwesterkuß von

Deiner Dich liebenden

Anna.

Phila., den 2. März 1883.

Geehrter Herr Doktor!

Unser Töchterchen ist gar nicht wohl, fiebert und atmet schwer. Wir sind sehr besorgt, daß eine Krankheit im Anzuge ist. Es würde uns daher eine große Beruhigung sein, wenn Sie sobald als möglich vorsprechen wollten.

Achtungsvoll

Frau M. Müller.

Phila., den 15. April.

Liebe Frau Schulz!

Als ich gestern nach Hause kam, vermißte ich ein kleines goldenes Medaillon, das ich gewöhnlich an der Uhrkette trage. An und für sich hat dasselbe keinen Wert; da es aber ein Andenken ist, möchte ich es ungern verlieren.

Sollte sich das Medaillon in Ihrem Hause gefunden haben, so würden Sie mich sehr verpflichten, wenn Sie dasselbe der Überbringerin mitgeben wollten.

Mit freundlichen Grüßen verbleibe ich

Ihre

A. Schuhmacher.

Phila., den 15. April 1883.

Liebe Frau Schuhmacher!

Beikommend schicke ich Ihnen das bewußte Medaillon. Mein Stubenmädchen fand dasselbe heute Morgen auf der Treppe und ich zerbrach mir den Kopf, wem es gehöre, da ich gestern so viele Besuche hatte.

Es grüßt Sie herzlich

Ihre B. Schulz.

Phila., den 20. April 1883.

Liebes Fräulein Braun!

Wir haben für morgen Abend eine Loge in der Oper genommen und können noch über einen Platz verfügen. Ich dachte, es würde Ihnen vielleicht Vergnügen machen, uns zu begleiten, um Patti in Faust zu hören. Kommen Sie daher morgen Abend zeitig zu uns. Sollten Sie jedoch verhindert sein, was ich nicht hoffe, so setzen Sie mich gefälligst in Kenntniß, damit ich den Sitz jemand anders anbiete.

Einer baldigen Antwort entgegensehend grüßt Sie freundlichst

Ihre

K. Weiß.

Dienstag, den 18ten April.

Liebe Frau Weiß!

Ihr freundliches Anerbieten macht mir um so größere Freude, da ich Patti noch nie gehört habe. Ich werde mich morgen Abend pünktlich bei Ihnen einfinden.

Empfangen Sie meinen herzlichen Dank für Ihre Güte!

Ihre ergebene

L. Braun.

Dienstag, den 18ten April.

Liebe Frau Weiß!

Leider kann ich Ihre freundliche Einladung nicht annehmen, da ich wegen einer schweren Erkältung schon mehrere Tage das Zimmer gehütet habe. Ich bin Ihnen jedoch nicht weniger dankbar für Ihr gütiges Anerbieten und hoffe, daß Sie Sich morgen Abend recht gut unterhalten werden.

Ihre ergebene,

L. Braun.

Köln, den 7ten Mai 1883.

Liebe Frau Schwarz!

Wollen Sie uns nicht das Vergnügen machen, Donnerstag Abend um 7 Uhr zum Essen zu uns zu kommen und Ihre Fräulein Schwester mitzubringen? Es handelt sich um eine ganz freundschaftliche Gesellschaft, wofür gar keine Umstände gemacht werden.

Empfangen Sie freundliche Grüße von

Ihrer

T. Hiller.

———

Köln, den 7ten April 1883.

Liebe Frau Hiller!

Zu meinem großen Bedauern können wir keinen Gebrauch von Ihrer freundlichen Einladung machen, da wir morgen auf einige Tage nach Koblenz reisen.

Ihre Grüße von Herzen erwiedernd verbleibe ich

Ihre

M. Schwarz.

———

Liebe Frau Hiller!

Wir werden Ihrer freundlichen Einladung mit Freuden Folge leisten und Donnerstag Abend zur besagten Stunde bei Ihnen erscheinen.

Mit herzlichen Grüßen verbleibe ich

N. N.

Phila., den 28. Mai 1883.

Lieber Herr Sand!

Wenn ich nicht irre, waren Sie vorigen Winter einige Zeit in . . . . Ich erlaube mir daher, bei Ihnen Erkundigungen über die dortigen Verhältnisse einzuziehen; denn die Gesundheit meiner Frau nötigt mich, den nächsten Winter dort zuzubringen.

Ist das Klima wirklich sehr wohlthuend für Lungenkranke? Sind in . . . gute Ärzte? Was für Gasthöfe findet man dort? Ist die Bedienung gut oder wäre es ratsam, eine zuverlässige Person von hier mitzunehmen? Wie sind die Preise für Kost und Zimmer? Ist es vorteilhafter, möblirte Zimmer zu mieten und nur für die Mahlzeiten zum Gasthof zu gehen, oder würden Sie anraten, im Gasthof zu wohnen?

Wenn Sie mir diese Fragen beantworten und noch sonstige Dinge beifügen wollten, die wissenswert für mich sein könnten, würden Sie mich zu großem Danke verpflichten.

In bekannter Freundschaft grüßt,

Ihr ergebener

Max Holz.

Lieber Herr Holz!

Eben erhalte ich Ihren Brief und beeile mich, denselben zu beantworten.

Ich bedaure, daß Ihre Frau leidend ist, hoffe jedoch, daß ihr das Klima in . . . ebenso gut bekommen wird, als mir. Ich bin nämlich von meinem hartnäckigen Husten vollständig geheilt worden.

Das Klima ist ungemein milde und gleichmäßig, so daß man sich den ganzen Tag draußen aufhalten kann. Doktor Wundermann ist ein tüchtiger Arzt, den ich Ihnen mit gutem Gewissen empfehlen kann. Die beiden Gasthöfe des Ortes lassen zu wünschen übrig, denn Sie finden nichts von den Bequemlichkeiten, woran Sie in den östlichen Staaten gewöhnt sind, trotz der New Yorker Preise. Übrigens findet man sich schnell in solche Verhältnisse. Früchte, Milch, Butter und Fleisch sind vorzüglich, die Kochart ist jedoch mittelmäßig. Wenn Sie ein Feinschmecker sind, müssen Sie also eine Köchin mitbringen. Theater, Konzerte und sonstige Zerstreuungen giebt es nicht; dafür werden Sie reichlichen Ersatz in der herrlichen Umgebung finden, wo Sie täglich die schönsten Ausflüge machen können. Hoffentlich werden Ihnen diese Anhaltspunkte in etwa nützlich sein.

Empfehlen Sie mich gefälligst Ihrer Frau Gemahlin und seien Sie herzlich gegrüßt von

Ihrem ganz ergebenen

.   . . .
—————

Rotterdam, den 1. August 1883.

Herren Grün und C^{nie}, New York.

Überbringer dieser Zeilen ist ein junger Mann von sehr guter Familie und Erziehung, über dessen Fähigkeiten und Charakter sich nur Gutes sagen läßt. Er soll ein Jahr in Amerika zubringen, um mit den dortigen Geschäfts-Verhältnissen bekannt zu werden. Sollten Sie ihm in irgend einer Weise zur Erreichung seines Zieles behülflich sein können, so würden Sie uns einen persönlichen Gefallen erzeigen.

Achtungsvoll

Gebrüder Lamm.

—————

Geehrter Herr Direktor!

Da Ihre Erziehungs-Anstalt für Knaben einen so guten Ruf hat, bin ich halb entschlossen, Ihnen meine beiden Söhne im Alter von 12 und 14 Jahren für das nächste Jahr anzuvertrauen.

Seien Sie daher so freundlich, mir einen Prospektus zu schicken. Auch möchte ich wissen, wie viel Zeit die Knaben täglich im Freien zubringen können. Werden im Kolleg Reit-, Schwimm- und Turnstunden gegeben? Haben die Knaben Gelegenheit, sich im Sprechen fremder Sprachen zu üben?

Indem ich Sie bitte, mir über Alles möglichst ausführliche Auskunft zu erteilen, zeichne ich mit besonderer Hochachtung

Ihr ergebener
Kaspar Kurz.

Phila., den 24. April 1883.

Herrn F. W. Christern in New York.

Hiermit ersuche ich Sie, mir so bald als möglich folgende Bücher zu schicken:

a. Eine billige Ausgabe von Schiller's Gedichten.
b. Zwei Exemplare von Scheffel's „Trompeter."
c. König's Literatur-Geschichte.
d. Göthe's Gedichte in feinem Einband mit Goldschnitt.

Den Betrag bitte ich auf meine Rechnung zu schreiben, die ich nächsten Monat berichtigen werde, wenn ich nach New York komme.

Achtungsvoll
L. Lang.

New York, den 25. April 1883.

Herrn Dr. Lang, Phila.

Mit heutiger Post empfangen Sie einen Teil der gewünschten Bücher. Leider ist Scheffel's „Trompeter" augenblicklich nicht vorrätig. Sollen wir das Buch für Sie kommen lassen?

Einer gefälligen Antwort entgegensehend grüßt achtungsvoll

F. W. Christern.

Phila., den 27. April 1883.

Geehrter Herr Doktor!

Eben erfahre ich, daß Sie als Kandidat . . . . . . gewählt sind. Ich kann nicht unterlassen, Ihnen zu dieser wohl verdienten Auszeichnung meinen aufrichtigsten Glückwunsch zu senden.

Empfangen Sie gleichzeitig die Versicherung meiner steten Ergebenheit.

A. Esel.

Geehrter Herr!

Wir nehmen den innigsten Anteil an dem Verluste, den Sie durch den Tod Ihrer Schwester erlitten haben und hoffen, daß Sie in der Liebe Ihrer Familie Trost für Ihren Schmerz finden.

Achtungsvoll

A. Becker u. Frau.

50. Friedrich II. und Mendelssohn.

Der Philosoph Mendelssohn stand bei Friedrich dem Großen in hohem Ansehen und war oft ein Gast an der königlichen Tafel. Als er wieder einmal geladen war und zwar zu einer ganz bestimmten Stunde, erschien er nicht. Niemand verriet Ungeduld oder wagte eine Bemerkung zu machen. Als aber der König seine Uhr hervorzog und dieselbe in der Hand hielt, als wollte er sagen: „Wo bleibt Mendelssohn?" bemerkte einer der Gäste: „So sind die Gelehrten; wenn sie hinter ihren Büchern sitzen, vergessen sie Alles." „Nun," erwiederte der König lachend, „so wollen wir ihn für seine Unpünktlichkeit strafen und ihn recht in Verlegenheit setzen." Er nahm Bleistift und Papier und schrieb die Worte: „Mendelssohn ist ein Esel.—Friedrich II." Dann befahl er einem Diener, diese wenig schmeichelhaften Zeilen an des Philosophen Platz zu legen. Bald darauf kam derselbe, las die Karte und steckte sie stillschweigend in die Tasche. Der König fragte schalkhaft: „Ei, ei! was für ein Briefchen ist denn das? Wollen Sie uns nicht den Inhalt mitteilen?" „Recht gerne, Majestät," antwortete Mendelssohn kaltblütig und las mit lauter Stimme: „Mendelssohn ist ein Esel, Friedrich—der zweite." Der König lachte herzlich und sagte: „Nun, Mendelssohn, an Pünktlichkeit haben wir Sie übertroffen; aber Sie übertreffen uns an Schlagfertigkeit."

51. Geschichte des Porzellans.

Das Porzellan besteht aus zwei Erdarten: Kaolin und Feldspat. Schon im zweiten Jahrhundert vor Christus verstanden es die Chinesen, vortreffliches Porzellan zu bereiten. Die englische Sprache nennt das Porzellan noch heute china und deutet schon dadurch dessen Ursprung aus China an. Wir finden jedoch erst im elften und zwölften Jahrhundert Gefäße aus feinem Porzellan auch in andern Ländern. In der Porzellanmalerei stehen bis auf den heutigen Tag die Chinesen unerreicht da. Das Gelb, Grün, Blau, Violet und Rot, welches wir auf ächt chinesischem Porzellan finden, kann kein anderes Volk in Tiefe und Glanz der Farben erreichen.

Von China kam die Kunst, feines Porzellan zu machen, nach Japan, und die Japanesen erreichten darin einen so hohen Grad der Vollkommenheit, daß sie im vierzehnten Jahrhundert die Chinesen beinahe übertrafen.

In der Provinz Sachsen in Deutschland entdeckte der Chemiker Böttger im Jahre 1709 eine vortreffliche Porzellanerde. Bald wurde auf dem Schlosse in Meißen eine Fabrik angelegt und nun ward auch dort ein ausgezeichnetes Porzellan zu Stande gebracht. Man brauchte diese herrliche Ware nicht mehr aus China und Japan zu beziehen. Es dauerte nicht lange, so erhoben sich in Wien und in anderen Städten Deutschlands große Fabriken derselben Art. Frankreich und England folgten dem Beispiele Deutschlands, und heutigen Tages hat französisches Porzellan sich die besondere Gunst der vornehmen Welt erworben.

52. Geschichte der Seide.

Nach einer alten Erzählung brachten im Jahre 530 nach Christus zwei Mönche aus dem Orient dem Kaiser Justinian den Samen eines Maulbeerbaumes und erzählten, daß sie auf den Blättern dieses Baumes den Seidenwurm gefunden hätten. Auf einer zweiten Reise nach China gelang es den kühnen Missionären, in hohlen Wanderstäben die Eier des Seidenwurmes zu bringen. Sie trugen ihre Beute glücklich über Meere und durch Wüsten, bis sie im Jahre 552 in Constantinopel anlangten und dem Kaiser den kostbaren Schatz überreichten. Die Kühnheit der Mönche war zu bewundern, da China so eifersüchtig über den alleinigen Besitz der Seidenraupe wachte, daß Todesstrafe auf die Ausführung derselben in andere Länder gesetzt war.

Bald wurden in ganz Griechenland Maulbeergärten und Züchtereien für Seidenraupen angelegt; große Webereien erhoben sich überall, namentlich in Athen und Korinth. Die Halbinsel soll sogar ihren neuen Namen Morea von den Maulbeerpflanzungen erhalten haben.

Von Griechenland verbreitete sich der Seidenbau schnell nach Italien und Südfrankreich, wo er noch heute in schönster Blüte steht.

---

53. Ein erster Besuch bei Göthe.

Weimar, Dienstag den 10. Juni 1823.

Vor wenigen Tagen bin ich hier angekommen; heute war ich zuerst bei Göthe. Der Empfang seinerseits war überaus herzlich, und der Eindruck seiner Person auf mich der Art, daß ich diesen Tag zu den glücklichsten meines Lebens rechne.

Er hatte mir gestern, als ich anfragen ließ, diesen Mittag zwölf Uhr als die Zeit bestimmt, wo ich ihm willkommen sein würde. Ich ging also zur gedachten Stunde hin, und fand den Bedienten auch bereits meiner wartend und sich anschickend mich hinaufzuführen.

Das Innere des Hauses machte auf mich einen sehr angenehmen Eindruck; ohne glänzend zu sein, war alles höchst edel und einfach; auch deuteten verschiedene an der Treppe stehende Abgüsse antiker Statuen auf Göthe's besondere Neigung zur bildenden Kunst und dem griechischen Altertum. Ich sah verschiedene Frauenzimmer, die unten im Hause geschäftig hin und wider gingen, auch einen der schönen Knaben Ottiliens, der zutraulich zu mir herankam und mich mit großen Augen anblickte.

Nachdem ich mich ein wenig umgesehen, ging ich sodann mit dem sehr gesprächigen Bedienten die Treppe hinauf zum ersten Stockwerk. Er öffnete ein Zimmer, vor dessen Schwelle man die Zeichen SALVE als gute Vorbedeutung eines freundlichen Willkommenseins überschritt. Er führte mich durch dieses Zimmer hindurch und öffnete ein zweites, etwas geräumigeres, wo er mich zu verweilen bat, indem er ging mich seinem Herrn zu melden. Hier war die kühlste, erquicklichste Luft; auf dem Boden lag ein Teppich gebreitet, auch war es durch ein rotes Kanapee und Stühle von gleicher Farbe überaus heiter möblirt; gleich zur Seite stand ein Flügel, und an den Wänden sah man Handzeichnungen und Gemälde verschiedener Art und Größe.

Durch eine offene Thür gegenüber blickte man sodann in ein ferneres Zimmer, gleichfalls mit Gemälden verziert, durch welches der Bediente gegangen war mich zu melden.

Es währte nicht lange, so kam Göthe, in einem blauen Oberrock und in Schuhen; eine erhabene Gestalt! Der Eindruck war überraschend. Doch verscheuchte er sogleich jede Befangenheit durch die freundlichsten Worte. Wir setzten uns auf das Sofa. Ich war glücklich verwirrt in seinem Anblick und seiner Nähe, ich wußte ihm wenig oder nichts zu sagen.

Er fing sogleich an, von meinem Manuscript zu reden. „Ich komme eben von Ihnen her," sagte er; „ich habe den ganzen Morgen in Ihrer Schrift gelesen; sie bedarf keiner Empfehlung, sie empfiehlt sich selber." Er lobte darauf die Klarheit der Darstellung und den Fluß der Gedanken, und daß alles auf gutem Fundament ruhe und wohl durchdacht sei.

Wir saßen lange beisammen, in ruhiger liebevoller Stimmung. Ich drückte seine Knie, ich vergaß das Reden über seinen Anblick, ich konnte mich an ihm nicht satt sehen. Das Gesicht so kräftig und braun und voller Falten, und jede Falte voller Ausdruck. Und in allem solche Biederkeit und Festigkeit, und solche Ruhe und Größe! Er sprach langsam und bequem, so wie man sich wohl einen bejahrten Monarchen denkt, wenn er redet. Man sah ihm an, daß er in sich selber ruht und über Lob und Tadel erhaben ist. Es war mir bei ihm unbeschreiblich wohl; ich fühlte mich beruhigt, so wie es jemand sein mag, der nach vieler Mühe und langem Hoffen endlich seine liebsten Wünsche befriedigt sieht.

Johann Peter Eckermann.

54. Das Bächlein.

Du Bächlein silberhell und klar,
Du eilst vorüber immerdar,
Am Ufer steh' ich, sinn' und sinn',
Wo kommst du her? Wo gehst du hin?

Ich komm aus dunkler Felsen Schoß,
Mein Lauf geht über Blum' und Moos;
Auf meinem Spiegel schwebt so mild
Des blauen Himmels freundlich Bild.

Drum hab ich frohen Kindersinn;
Es treibt mich fort, weiß nicht wohin.
Der mich gerufen aus dem Stein,
Der, denk' ich, wird mein Führer sein.

Göthe.

55. Was wir sollen.

Wenn du fragest, was wir sollen,
Sag ich: Nur das Gute wollen,
Nach dem Himmel rastlos streben,
Wahrhaft sein in Tod und Leben,
Vorwärts stets, nie rückwärts schreiten,
Gegen das Gemeine streiten,
Mit den edelsten uns einen,
Was wir sind, auch immer scheinen.

Anhang.

I.

Die Hülfszeitwörter sein und haben.

Indikativ.	Konjunktiv.	Indikativ.	Konjunktiv.
Präsens.			
ich bin	ich sei	ich habe	ich habe
du bist	du seiest	du hast	du habest
er (sie, es) ist	er sei	er hat	er habe
wir sind	wir seien	wir haben	wir haben
ihr seid	ihr seiet	ihr habt	ihr habet
sie sind	sie seien	sie haben	sie haben
Imperfect.			
ich war	ich wäre	ich hatte	ich hätte
du warst	du wärest	du hattest	du hättest
er war	er wäre	er hatte	er hätte
wir waren	wir wären	wir hatten	wir hätten
ihr waret	ihr wäret	ihr hattet	ihr hättet
sie waren	sie wären	sie hatten	sie hätten
Futur.			
ich werde	ich werde	ich werde	ich werde
du wirst	du werdest	du wirst	du werdest
er wird _sein_	er werde _sein_	er wird _haben_	er werde _haben_
wir werden	wir werden	wir werden	wir werden
ihr werdet	ihr werdet	ihr werdet	ihr werdet
sie werden	sie werden	sie werden	sie werden
Perfekt.			
ich bin	ich sei	ich habe	ich habe
du bist _gewesen_	du seiest _gewesen_	du hast _gehabt_	du habest _gehabt_
er ist	er sei	er hat	er habe
wir sind	wir seien	wir haben	wir haben
ihr seid	ihr seiet	ihr habt	ihr habet
sie sind	sie seien	sie haben	sie haben

Die Hülfszeitwörter sein und haben.—Fortsetzung.

Indikativ.	Konjunktiv.		Indikativ.	Konjunktiv.	

Plusquamperfekt.

ich war	ich wäre		ich hatte	ich hätte	
du warst	du wärest		du hattest	du hättest	
er war	er wäre	gewesen	er hatte	er hätte	gehabt
wir waren	wir wären		wir hatten	wir hätten	
ihr waret	ihr wäret		ihr hattet	ihr hättet	
sie waren	sie wären		sie hatten	sie hätten	

Futurum exaktum.

ich werde	ich werde		ich werde	ich werde	
du wirst	du werdest		du wirst	du werdest	
er wird	er werde	gewesen sein	er wird	er werde	gehabt haben
wir werden	wir werden		wir werden	wir werden	
ihr werdet	ihr werdet		ihr werdet	ihr werdet	
sie werden	sie werden		sie werden	sie werden	

Imperativ
der Einzahl: sei, habe.
der Mehrzahl: seid habet.

Infinitiv
der Gegenwart: sein, haben.
der Vergang.: gewesen sein, gehabt haben.

Partizip
der Gegenwart: seiend, habend.
der Vergang: gewesen, gehabt.

Das Hülfszeitwort werden.

Indikativ.	Konjunktiv.	Indikativ.	Konjunktiv.	

Präsens.   Perfekt.

ich werde	ich werde	ich bin	ich sei	
du wirst	du werdest	du bist	du seiest	
er wird	er werde	er ist	er sei	geworden
wir werden	wir werden	wir sind	wir seien	
ihr werdet	ihr werdet	ihr seid	ihr seiet	
sie werden	sie werden	sie sind	sie seien	

Das Hülfszeitwort werden.—Fortsetzung.

Indikativ.	Konjunktiv.	Indikativ.	Konjunktiv.
Imperfekt.		**Plusquamperfekt.**	
ich wurde	ich würde	ich war	ich wäre
du wurdest	du würdest	du warst	du wärest
er wurde	er würde	er war	er wäre
wir wurden	wir würden	wir waren	wir wären
ihr wurdet	ihr würdet	ihr waret	ihr wäret
sie wurden	sie würden	sie waren	sie wären

(Plusquamperfekt: geworden)

Future.		**Futurum exaktum.**	
ich werde	ich werde	ich werde	ich werde
du wirst	du werdest	du wirst	du werdest
er wird	er werde	er wird	er werde
wir werden	wir werden	wir werden	wir werden
ihr werdet	ihr werdet	ihr werdet	ihr werdet
sie werden	sie werden	sie werden	sie werden

(Future: werden — Futurum exaktum: geworden sein)

Imperativ:
werde, werdet.

Infinitiv
der Gegenwart: werden.
der Vergang.: geworden sein.

Partizip
der Gegenwart: werdend.
der Vergang.: geworden.

Die Hülfszeitwörter der Aussageweise:

dürfen — ich darf, du darfst, er darf, wir dürfen, ich durfte, gedurft.

können — ich kann, du kannst, er kann, wir können, könnte, gekonnt.

mögen — ich mag, du magst, er mag, wir mögen, mochte, gemocht.

müssen — ich muß, du mußt, er muß, wir müssen, mußte, gemußt.

wissen — ich weiß, du weißt, er weiß, wir wissen, wußte, gewußt.

wollen — ich will, du willst, er will, wir wollen, wollte, gewollt.

Das regelmäßige Zeitwort.

Thätigkeitsform (Aktiv).   **Leideform (Passiv).**

Indikativ. Aussageweise des Wirklichen.	Konjunktiv. Aussageweise des Möglichen, des Gedachten, des Bedingten.	Indikativ.	Konjunktiv.

Präsens (Gegenwart.)

ich lobe	ich lobe	ich werde	ich werde
du lobst	du lobest	du wirst	du werdest
er lobt	er lobe	er wird	er werde
wir loben	wir loben	wir werden	wir werden
ihr lobet	ihr lobet	ihr werdet	ihr werdet
sie loben	sie loben	sie werden	sie werden

(gelobt)

Imperfect (Erste Vergangenheit).

ich lobte	I. ich lobte	ich wurde	I. ich würde
du lobtest	du lobtest	du wurdest	du würdest
er lobte	er lobte	er wurde	er würde
wir lobten	wir lobten	wir wurden	wir würden
ihr lobtet	ihr lobtet	ihr wurdet	ihr würdet
sie lobten	sie lobten	sie wurden	sie würden
	II. ich würde loben		II. ich würde gelobt werden

(gelobt)

Futur (einfache Zukunft).

ich werde	ich werde	ich werde	ich werde
du wirst	du werdest	du wirst	du werdest
er wird	er werde	er wird	er werde
wir werden	wir werden	wir werden	wir werden
ihr werdet	ihr werdet	ihr werdet	ihr werdet
sie werden	sie werden	sie werden	sie werden

(loben / gelobt werden)

Perfekt (Zweite Vergangenheit).

ich habe	ich habe	ich bin	ich sei
du hast	du habest	du bist	du seiest
er hat	er habe	er ist	er sei
wir haben	wir haben	wir sind	wir seien
ihr habt	ihr habet	ihr seid	ihr seiet
sie haben	sie haben	sie sind	sie seien

(gelobt / gelobt worden)

Das regelmäßige Zeitwort.—Fortsetzung.

Thätigkeitsform (Aktiv).   **(Leideform Passiv).**

| Indikativ. Aussageweise des Wirklichen. | Konjunktiv. Aussageweise des Möglichen, des Gedachten, des Bedingten. | Indikativ. | Konjunktiv. |

Plusquamperfekt (Vorvergangenheit).

ich hatte	I. ich hätte	ich war	I. ich wäre
du hattest	du hättest	du warst	du wärest
er hatte	er hätte	er war	er wäre
wir hatten	wir hätten	wir waren	wir wären
ihr hattet	ihr hättet	ihr waret	ihr wäret
sie hatten	sie hätten	sie waren	sie wären

(Aktiv: gelobt; Passiv: gelobt worden)

II. ich würde gelobt haben   II. ich würde gelobt worden sein

Futurum exaktum (Vorzukunft).

ich werde	ich werde	ich werde	ich werde
du wirst	du werdest	du wirst	du werdest
er wird	er werde	er wird	er werde
wir werden	wir werden	wir werden	wir werden
ihr werdet	ihr werdet	ihr werdet	ihr werdet
sie werden	sie werden	sie werden	sie werden

(Aktiv: gelobt haben; Passiv: gelobt worden sein)

Imperativ: **Partizip:**

lobe; lobet.   Gegenw.: lobend.
                Vergang: gelobt.

Infinitiv:

Thätigkeitsform.	Leideform.
Gegenw.: loben.	gelobt werden.
Vergang.: gelobt haben.	gelobt worden sein.

II.

Fallbiegung oder Deklination des Hauptwortes.

Die männlichen und sächlichen Hauptwörter mit der Endung **el, er, en, chen, lein**, nehmen im Genitiv der Einzahl **s**, im Dativ der Mehrzahl **n**. Beispiel:

Einzahl.	Mehrzahl.
Nom. der Finger	die Finger
Gen. des Fingers	der Finger
Dat. dem Finger	den Fingern
Ak. den Finger	die Finger

Übungen.—Schreibe die Fallbiegung der folgenden Hauptwörter in der Einzahl und in der Mehrzahl nieder.

Vater — Bruder — Fenster — Kloster — Adler — Engel — Siegel — Flügel — Schlüssel — Apostel — Graben — Garten — Wagen — Blümchen — Söhnchen — Kindlein — Mädchen — Fräulein — Blümlein — Hütchen — Blättchen.

Alle männlichen Hauptwörter mit der Endung **e** und alle Hauptwörter, welche aus fremden Sprachen stammen und den Ton auf der letzten Silbe haben, nehmen in allen Fällen der Ein- und Mehrzahl **en**.

Einzahl.	Mehrzahl.
der Knabe	die Knaben
des Knaben	der Knaben
dem Knaben	den Knaben
den Knaben	die Knaben
der Elephant	die Elephanten
des Elephanten	der Elephanten
dem Elephanten	den Elephanten
den Elephanten	die Elephanten

(Einige Fremdwörter haben in der Einzahl die Endung der zweiten Deklination, z. B. Doktor.)

Schreibe zur Übung die Endung der folgenden Hauptwörter in der Einzahl und in der Mehrzahl nieder:

Rabe — Name — Bote — Reisende — Hase — Affe — Bube
Wilde — Fremde — Dukat — Candidat — Philosoph — Theolog — Advokat.

Die männlichen Hauptwörter, welche eine Silbe haben und diejenigen mit der Endung **ig, ich, ling**, nehmen im Genitiv der Einzahl **es**, im Dativ **e**; in der Mehrzahl nehmen sie den Umlaut, im Nominativ, Dativ und Akkusativ **e**, im Dativ **en**, z. B.:

Einzahl.	Mehrzahl.
der Stock	die Stöcke
des Stockes	der Stöcke
dem Stocke	den Stöcken
den Stock	die Stöcke

Übung. — Schreibe die Fallbiegung der folgenden Hauptwörter nieder:

Rock — Bock — Stein — Wein — Baum — Raum — Saum
Aal — Arzt — Fisch — Stamm — Bart — Korb — Ring — Hals
Grund — Schwan — Abt — König — Jüngling — Frühling
Fremdling — Teppich.

Die sächlichen Dingwörter, welche eine Silbe haben, nehmen im Genitiv der Einzahl **es**, im Dativ **e**, im Nominativ, Genitiv und Akkusativ der Mehrzahl **er**, im Dativ **ern** und den Umlaut, z. B.:

Einzahl.	Mehrzahl.
das Buch	die Bücher
des Buches	der Bücher
dem Buche	den Büchern
das Buch	die Bücher

Schreibe die Fallbiegung der folgenden Hauptwörter in der Einzahl und in der Mehrzahl nieder:

Blatt — Dach — Dorf — Ei — Faß — Feld — Geld — Glas
Glied — Band — Gras — Grab — Gut — Haupt — Haus
Huhn — Kalb — Kleid — Korn — Kraut — Lamm — Maul
Nest — Pfand — Rad — Lied — Rind — Schloß — Schwert
Volk — Weib.

Die weiblichen Dingwörter bleiben in der Einzahl unverändert, z. B.:

die Schwester	die Tante
der Schwester	der Tante
der Schwester	die Tante
die Schwester	der Tante

In der Mehrzahl nehmen Sie entweder ein n oder e und den Umlaut, z. B.:

die Tanten	die Bräute
der Tanten	der Bräute
den Tanten	den Bräuten
die Tanten	die Bräute

Zur Übung deklinire die folgenden Dingwörter:
Rose—Nase—Nichte—Base—Freundin—Sonne—Erde Axt—Luft—Haut—Wand—Hand—Schnur.

III.

Gleichlautende Hauptwörter,

welche verschiedene Bedeutung haben, wenn sie verschiedenen Geschlechtes sind:

der Band (eines Buches)	das Band (zum Binden)
der Bauer (Landmann)	das Bauer (Vogelkäfig)
der Chor (Sängerbund)	das Chor (Theil der Kirche)
der Erbe (die erbende Person)	das Erbe (Erbtheil)
die Erkenntniß (Einsicht)	das Erkenntniß (Urtheilsspruch)
der Flur (Hausflur)	die Flur (freies Feld)
der Gehalt (Werth)	das Gehalt (Besoldung)
der Heide (Götzenanbeter)	die Heide (ödes Feld)
der Hut (Kopfbedeckung)	die Hut (Bewachung)
der Koller (Wuth)	das Koller (Kleidungsstück)
der Kiefer (Kinnbacke)	die Kiefer (Baum)
der Kunde (Käufer)	die Kunde (Botschaft)
der Leiter (Führer)	die Leiter (zum Steigen)

Das deutsche Buch.

Gleichlautende Hauptwörter. — Fortsetzung.

die Mark (Feldbezirk)	das Mark (in den Knochen)
der Mast (Mastbaum)	die Mast (des Viehes)
der Schild (zum Schutze)	das Schild (am Hause)
der See (Landsee)	die See (Meer)
der Sprosse (Nachkomme)	die Sprosse (an der Leiter)
die Steuer (Abgabe)	das Steuer (am Schiffe)
der Thor (Narr)	das Thor (große Thür)
der Verdienst (Lohn)	das Verdienst (durch gute Thaten)
die Wehr (Waffe)	das Wehr (Damm)

Manche Hauptwörter haben in der Mehrzahl eine **doppelte Form mit beschiedener Bedeutung**.

die Bande (Fesseln)	die Bänder (Streifen)
	die Bänder (Bücher)
die Banken (für Geldgeschäfte)	die Bänke (zum Sitzen)
die Bauern (Landleute)	die Bauer (Vogelkäfige)
die Fuße (Maß)	die Füße (zum Stehen)
die Schilde (zum Schutze)	die Schilder (am Hause)
die Thoren (Narren)	die Thore (große Thüren)
die Zolle (Maß)	die Zölle (Abgaben)
die Chore (Theil der Kirche)	die Chöre (Sängervereine)

IV.

Verhältnißwörter.

Folgende Verhältnißwörter regieren den Genitiv:

> außerhalb und innerhalb,
> oberhalb und unterhalb,
> diesseit, jenseit, halb und halben,
> unweit, unfern, ungeachtet,
> kraft, vermittelst, laut, vermöge,
> statt, um, willen, während, wegen,
> längs, trotz, ob, zufolge
> stehen auf die Frage wessen?

Folgende Verhältnißwörter regieren den Dativ:

mit, nach, nächst, nebst, sammt und seit,
von, entgegen und zuwider,
bei, zu, aus, gemäß und außer,
schreibe mit dem Dativ nieder.

Folgende Verhältnißwörter regieren den Accusativ:

durch, für, ohne, um,
sonder, gegen, wider,
schreibe mit dem vierten Fall
und mit keinem andern nieder.

Folgende Verhältnißwörter regieren bald den Dativ, bald den Accusativ:

über, unter, vor und zwischen
an, auf, hinter, neben, in
stehen mit dem vierten Fall,
wenn man fragt: wohin?
mit dem Dativ stehn sie so,
daß man fraget: wo?

Die Verhältnißwörter werden oft mit dem bestimmten Geschlechtsworte oder mit einem Fürworte zu einem einzigen Worte verschmolzen.

So steht	am	für	an dem
„ „	ans	„	an das
„ „	im	„	in dem
„ „	ins	„	in das
„ „	dadurch	„	durch das
„ „	daraus	„	aus diesem
„ „	durchs	„	durch das
„ „	zum	„	zu dem
„ „	zur	„	zu der
„ „	aufs	„	auf das
„ „	übers	„	über das
„ „	woraus	„	aus welchem
„ „	wovon	„	von welchem
„ „	wogegen	„	gegen welches
„ „	worüber	„	über welches (m)
„ „	worunter	„	unter welches (m)

Das deutsche Buch.

108 Das deutsche Buch.

Das deutſche Buch. 109

EDUCATIONAL WORKS OF L. SAUVEUR.

Introduction to the Teaching of Living Languages	$0 25
Introduction to the Teaching of Ancient Languages	0 25
De l'Enseignement des langues vivantes	0 25
Entretiens sur la Grammaire	1 75
Causeries avec mes Élèves. Édition Illustrée	1 50
Petites Causeries	1 25
Causeries avec les Enfants. Édition Illustrée	1 25
Fables de La Fontaine (avec Notes et Commentaires)	1 50
Talks with Cæsar, "De Bello Gallico"	1 50
The Vade Mecum of the Latinist	0 25
A Word for Word Rendering into English of "De Bello Gallico." Book I	0 25
Contes Merveilleux par les Frères Grimm, Charles Perrault et Xavier Saintine, suivis d'une Étude sur l'Étymologie et la Synonymie des Mots	1 50
Entretiens avec Fénelon sur les Aventures de Télémaque. (En préparation.)	
Les Entretiens avec Fénelon sont commencés dans les "Récréations Philologiques."	
La Parole Française, par L. Sauveur et A. N. Van Daell	1 00

These works can be had at F. W. Christern's, 37 West Twenty-third Street, New York, and Carl Schoenhoff's, 146 Tremont Street, Boston, Massachusetts.